AF503968

LA GUERRE

DE

SARṢA-DĔNGĔL

CONTRE LES FALACHAS

TEXTE ÉTHIOPIEN

Extrait des Annales de Sarṣa-Dĕngĕl, roi d'Éthiopie (1563-1597)
Manuscrit de la Bibliothèque Nationale n° 143
Fol. 159 rᵒ, col. 2 — fol. 171 vᵒ, col. 1

TRADUIT EN FRANÇAIS ET EN HÉBREU

PAR

J. HALÉVY

PARIS

ERNEST LEROUX, ÉDITEUR | PAUL GEUTHNER
LIBRAIRE DE LA SOCIÉTÉ ASIATIQUE |
DE L'ÉCOLE | LIBRAIRE
DES LANGUES ORIENTALES VIVANTES, ETC. |
RUE BONAPARTE, 28 | RUE MAZARINE, 68

1907

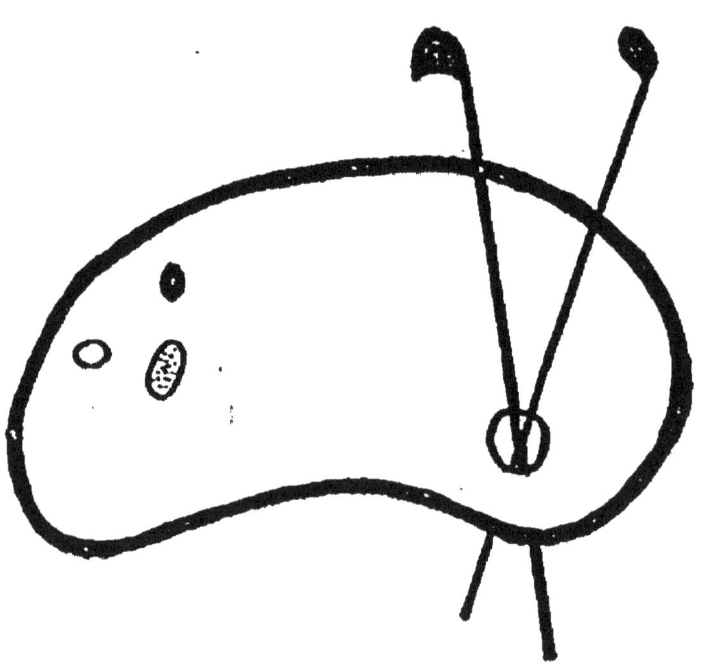

FIN D'UNE SERIE DE DOCUMENTS
EN COULEUR

LA GUERRE

DE

SARSA-DENGEL

CONTRE LES FALACHAS

LA GUERRE

DE

SARṢA-DĔNGĔL

CONTRE LES FALACHAS

TEXTE ÉTHIOPIEN

Extrait des Annales de Sarṣa-Dĕngĕl, roi d'Éthiopie (1563-1597)
Manuscrit de la Bibliothèque Nationale nº 143
Fol. 159 rº, col. 2 — fol. 171 vº, col. 1

TRADUIT EN FRANÇAIS ET EN HÉBREU

PAR

J. HALÉVY

———•———

PARIS

ERNEST LEROUX, ÉDITEUR | PAUL GEUTHNER
LIBRAIRE DE LA SOCIÉTÉ ASIATIQUE |
DE L'ÉCOLE | LIBRAIRE
DES LANGUES ORIENTALES VIVANTES, ETC. |
RUE BONAPARTE, 28 | RUE MAZARINE, 68

1907

ዘንተ ፡ ኵሎ ፡ ገቢሮ ፡ ረሰየ ፡ ምክራመ ፡ በሀየ ፡ ወ
በውእቱ ፡ ወርኃ ፡ ክረምት ፡ ተንሥአ ፡ ደዌ ፡ በከተማ ፡
ወሞቱ ፡ በዙኃን ፡ ሰብእ ፡ በውእቱ ፡ ደዌ ፡ ወእምቅድ
መ ፡ ዝንቱ ፡ ከነ ፡ ምክረ ፡ ሐጼጌ ፡ ከሪሞ ፡ ከመ ፡ ይሑ
ር ፡ ለፀቢዓ ፡ ጋላ ፡ እኒዘ ፡ እምአንጎቅ ፡ እስከ ፡ ግድ
ም ፡ ወኢፋት ፡ ወፈተጋር ፡ ወደዋሮ ፡ ወዘንተ ፡ ምክረ ፡
አቀመ ፡ ወአጽንዓ ፡ ምስለ ፡ ኵሎሙ ፡ ስዩማን ፡ ዘለፎ ፡
ወለፎ ፡ ጊዜ ፡ አስተፋነውዎሙ ፡ ለለብሔሮሙ ፡ ወበሕቱ ፡
ይመስልኒ ፡ ዘይቤ ፡ እግዚአብሔር ፡ በውእቱ ፡ ጊዜ ፡ ኢ
ከነ ፡ ምክርየ ፡ ከመ ፡ ምክርክሙ ፡ ወሕሊናየ ፡ ከመ ፡ ሕ
ሊናክሙ ፡ ወዘንተ ፡ ዘንብል ፡ እስመ ፡ ዘኢሀሎ ፡ ዘይሜግ
ብ ፡ ኩነታተ ፡ ዓለም ፡ ከነ ፡ መራዴ ፡ ሐጼጌ ፡ ድኅረ ፡
ኃለፈ ፡ ክረምት ፡ መንገለ ፡ ፈላሻ ፡ ወተርፊ ፡ ጸቢአ ፡ ጋ
ላ ፡ ወምክንያተ ፡ ተኃድጎቱሰ ፡ ለውእቱ ፡ ምክር ፡ በእን
ተ ፡ ፀብአ ፡ ጋላ ፡ ናየድዕ ፡ በገዘየ ፡ መጽአ ፡ መልእክ
ት ፡ ዘይብል ፡ አትረፈ ፡ ረዳኢ ፡ ፈንዎተ ፡ ዐባሕት ፡ ዘ
ይቤ ፡ ለሐጼጌ ፡ እንዘ ፡ ሀለዉ ፡ በጉበኤ ፡ እፎኑ ፡ ግብ
ርየ ፡ ብዙኃ ፡ እከለ ፡ ወመዓረ ፡ አልህምተ ፡ ወአባግዓ ፡
ከማሁ ፡ እምገዘ ፡ ኵሉ ፡ ኢወሀበ ፡ ምንተኒ ፡ ወዘንተ ፡ ሰ
ሚዖ ፡ ነደ ፡ ልቡ ፡ ከመ ፡ እሳት ፡ ወሰቤሃ ፡ ወጠነ ፡ ም
ክረ ፡ ከመ ፡ ይፅብዖሙ ፡ ለፈላሻ ፡ ወይኅ (fol. 160 v°, col. I)
ድግ ፡ ዐቢዓ ፡ ጋላ ፡ ወለእከ ፡ ኀበ ፡ ኵሎሙ ፡ ጨዋ ፡
ወኀበ ፡ ሰየምተ ፡ ትግሬ ፡ ከመ ፡ ይብጽሑ ፡ በዕድሜ ፡
ዘአደሞሙ ፡ ወምስለ ፡ ዝኒ ፡ ከነ ፡ ይብል ፡ ይኄይሰኒ ፡ አ

ትበአስ ፡ ምስለ ፡ እደወ ፡ ደሞ ፡ ለእግዚእነ ፡ ኢየሱስ ፡
ክርስቶስ ፡ እምእሐር ፡ ለዐቢአ ፡ ጋለ ፡ ዘንተ ፡ ምክረ ፡
አጽንዓ ፡ በወርኅ ፡ ክረምት ፡ ወከዐብ ፡ ንጽሕፍ ፡ በዝየ ፡
ዜና ፡ ሃይማኖቱ ፡ ለዝንቱ ፡ ንጉሥ ፡ ተአምኒ ፡ በእግዚአ
ብሔር ፡ ወሶብ ፡ ሞቱ ፡ ሰብአ ፡ ቤቶሙ ፡ ለዓስቤ ፡ ወዘ
ጸራቅሊጦስ ፡ በውእቱ ፡ ሕማም ፡ ፍርሃት ፡ ወረዓድ ፡ አነ
ዘሙ ፡ ወሶቤሃ ፡ ቆሙ ፡ ቅድመ ፡ ዝንቱ ፡ ንጉሥ ፡ ወይ
ቤልዎ ፡ ናሁ ፡ ሞቱ ፡ ሰብአ ፡ ቤትነ ፡ ይእዜሰ ፡ ንፈርህ ፡
ለርእስነ ፡ እግዚእነ ፡ አውዕአነ ፡ እምዝንቱ ፡ ከተማ ፡ ወአ
ንብረነ ፡ ኀበ ፡ እልበ ፡ ደዌ ፡ ወሕማም ፡ ዝንቱሰ ፡ ሃይማ
ዖታዊ ፡ አውሥአ ፡ ወይቤሎሙ ፡ እንዘ ፡ ማእምራነ ፡ መ
ጽሐፍ ፡ እፎ ፡ ክንክሙ ፡ ከመ ፡ አብዳን ፡ ዘአልበሙ ፡ ል
ብ ፡ ዝንቱ ፡ ደዌ ፡ አከ ፡ ዘተአዘዘ ፡ ላእለ ፡ ማእምራን ፡ -
አላ ፡ ላእለ ፡ ወደላ ፡ ወእለ ፡ ከማሆሙ ፡ አከ ፡ ዘእትረ
ፎሙ ፡ በከተማ ፡ አላ ፡ ተራንርኅ ፡ ላእለ ፡ ድንጋዌሆሙ ፡
አላ ፡ ፈነዎሙ ፡ ኀበ ፡ በድው ፡ አዚዘ ፡ ሡሎ ፡ መፍቅደ
ተ ፡ ውእቱስ ፡ ገቢሮ ፡ ተዝካረ ፡ አብ ፡ ተክለ ፡ ሃይማዖ
ት ፡ ተንሥአ ፡ እመካን ፡ ምክራሙ ፡ ወበዕሐ ፡ ጉባኤ ፡
(col. II) ፡ አመ ፡ ፳ ፡ ለመስከረም ፡ ዘይእቲ ፡ ዕለተ ፡ ዕረ
ፍቱ ፡ ለንጉሥ ፡ ጻድቅ ፡ ልብነ ፡ ድንግል ፡ ላእቤሁ ፡ ሰ
ለም ፡ ወበውእቱ ፡ መካን ፡ ፈጸመ ፡ መዋዕለ ፡ ክረምት ፡
(ዘ)መስከረም ፡ ወተንሥአ ፡ እምህየ ፡ በዕለተ ፡ ረቡዕ ፡
አመ ፡ ፰ ፡ ለጥቅምት ፡ ተንሥአ ፡ እምህየ ፡ ወበምሕዋ
ረ ፡ ፱ ፡ ዕለት ፡ ወአንጸረ ፡ ገጸ ፡ መንገለ ፡ ሰሜን ፡ ወ
አሰንበተ ፡ በከሰዬ ፡ ወበዕለተ ፡ ሠኑይ ፡ አመ ፡ ፳ወ፬ ፡ ለ
ጥቅምት ፡ ተንሥአ ፡ እምህየ ፡ ወበምሕዋረ ፡ ፱ ፡ ዕለት ፡
በፍኖተ ፡ ጕዘ ፡ በጻሕነ ፡ ኀበ ፡ ወሰነ ፡ ወገራ ፡ ወሸዋዳ ፡
በዕለተ ፡ ሠሉስ ፡ ሐሙስ ፡ አመ ፡ ፳ወ፮ ፡ ለጥቅምት ፡ ወ
እምገ ፡ ገበርነ ፡ ስፍራ ፡ በህየ ፡ ወቶክለ ፡ ደበና ፡ ወበይ
እቲ ፡ ዕለት ፡ ወረዱ ፡ ሸዋደ ፡ ብዙኃን ፡ ሰብአ ፡ እግር ፡
ወመስተብዕናን ፡ አፍራስ ፡ ወማኀረከ ፡ አልህምተ ፡ እስላም ፡
ወክርስቲያን ፡ ዘተመይጡ ፡ እምክርስትና ፡ ኀበ ፡ አይሁድ

ና ፡ ወለአኩ ፡ ኀበ ፡ ሐዜ ፡ እንዘ ፡ ይብሉ ፡ መጻእነ ፡ ኀ
በ ፡ እግዚእነ ፡ ምስለ ፡ አንስቲያነ ፡ ወደቂቅነ ፡ ወአልህም
ቲነ ፡ ወሀላዌሆሙስ ፡ እምቅድመዝ ፡ ከነ ፡ ኀበ ፡ ምድረ ፡
ምልክናሆሙ ፡ ለረዳኢ ፡ ወበረቃደ ፡ እግዚአብሔር ፡ ከነ ፡
ተሰነዓወ ፡ ምጽአተ ፡ እሉ ፡ ምስለ ፡ ሙራዴ ፡ ኢሉ ፡ ኀ
ያላን ፡ ትትዓወቅ ፡ ኂራተ ፡ እግዚእነ ፡ በግብአተ ፡ ንዋዮ
ሙ ፡ ለእሉ ፡ እምድኅረ ፡ ተማዓረኩ ፡ ዘመደ ፡ እክልኒ ፡
ተዘርፈ ፡ በይእቲ ፡ ዕለት ፡ ወባሕቱ ፡ ኢፈቀዱ ፡ ነሢአቶ ፡
ለዳጉሳ ፡ ወዘይመስሎ ፡ እንበለ ፡ ስርናይ ፡ ወጽራይ ፡ እክ
ል ፡ ዘከማሁ ፡ ለእሉስ ፡ እለ ፡ ተማዓረኩ ፡ (fol. 161 r°, col. 1)
እግብእ ፡ ሎሙ ፡ በግዘት ፡ ኩሎ ፡ ንዋዮሙ ፡ ዘተነሥአ ፡
ወኢያመክነዮ ፡ እንዘ ፡ ይብል ፡ ሚላእሴየ ፡ እመ ፡ ነሥ
ኡ ፡ ሠራዊትየ ፡ ክርስቶሳውያን ፡ ንዋየ ፡ እስላም ፡ ወፈ
ላሽ ፡ አለዘቲ ፡ ኂራት ፡ ዘትመስል ፡ ኂራተ ፡ እግዚእነ ፡
ኢየሱስ ፡ ክርስቶስ ፡ ዘያሠርቅ ፡ ዐሐየ ፡ ላእለ ፡ ኄራን ፡
ወእኩያን ፡ ወላእለ ፡ ጻድቃን ፡ ወኃጥኣን ፡ ያዘንም ፡ ዝና
መ ፡ ወበሳኒታሁ ፡ ዓርብ ፡ ወዓልነ ፡ በሀየ ፡ ወፈነዎ ፡ ለእ
ዘጋ ፡ ሐሊበ ፡ ቅድመ ፡ ገይ ፡ ከመ ፡ ይጺሕ ፡ ፍኖቶ ፡
ወይምላእ ፡ ኩሎ ፡ ማዕምቀ ፡ እስመ ፡ እንሐሉ ፡ ፈላሽ ፡
በውእቱ ፡ መዋዕል ፡ ወአጥፍዎ ፡ ፍኖተ ፡ ከመ ፡ ኢይሐ
ርፐ ፡ አብቅልት ፡ ወአፍራስ ፡ ወበይእቲ ፡ ዕለት ፡ አስተ
ራትን ፡ እዘጋ ፡ ሐሊበ ፡ መብዕስ ፡ ወጐጻጉጻ ፡ ወረሰየ ፡
መጽይሕተ ፡ ርቱዕ ፡ ወበሳኒታሁ ፡ ዕለተ ፡ ቀዳም ፡ ተን
ሥአ ፡ ወረሰየ ፡ ፍኖቶ ፡ መንገለ ፡ ለዋሬ[1] ፡ ወስፈረ ፡ በ
ጻርጻ ፡ በይእቲ ፡ ዕለት ፡ አልቦ ፡ ዘተኃቅፈ ፡ ወአልቦ ፡
ዘድኅፀ ፡ በፍኖት ፡ እምሰብእ ፡ እስከ ፡ እንስሳ ፡ እስመ ፡
የማን ፡ እግዚአብሔር ፡ ትሜግብ ፡ ፍኖተ ፡ ዝንቱ ፡ ንጉ
ሥ ፡ ወበዕለተ ፡ ሰንበት ፡ ወዓልነ ፡ ኀበ ፡ ሰፈርነ ፡ በዕለ
ተ ፡ ቀደም ፡ ከሌፍስ ፡ እኀወ ፡ ረዳኢ ፡ ወጠነ ፡ ያወሣ ፡
በእሳት ፡ አብያተ ፡ ምስለ ፡ ኩሉ ፡ ዘውስቴታ ፡ ወእክል

---

1. ለ ለርዌ ፡

ሂ ፡ ዘሀሎ ፡ በገራህት ፡ እስመ ፡ ፃዕደወ ፡ ማዕረር ፡ ወበ
ዕሐ ፡ በውእቱ ፡ ጊዜ ፡ ወከላስስተኒ ፡ ዘተከመረ ፡ አውዳ
የ ፡ እንበለ ፡ ምሂክ ፡ ዘንተሰ ፡ ዘ (col. II) ይገብር ፡ እስ
መ ፡ መስሎ ፡ ዘይትመየጡ ፡ ሰበ ፡ ኃጥእ ፡ እክል ፡ ወኢ
ያእመረ ፡ ከመ ፡ ፈትሐ ፡ እግዚአብሐር ፡ ቦቱ ፡ ንሕነሰ ፡
ሰበ ፡ ርኢናሃ ፡ ለሀገር ፡ ሥርጉተ ፡ ኰለንታሃ ፡ በሐመል
ማለ ፡ ዘርዕ ፡ ወፍሬ ፡ ማዕረር ፡ ተነደፍነ ፡ በፍቅሬ ፡ ወፈ
ቀድነ ፡ ነቢረ ፡ ውስቲታ ፡ በከመ ፡ ይቤሎ ፡ ጴትሮስ ፡ ለ
እግዚእ ፡ ኢየሱስ ፡ በደብረ ፡ ታቦር ፡ ይኄይሰነ ፡ ንንበር ፡
ዝየ ፡ ኢንዓድግ ፡ ትንቢተ ፡ ቃሉ ፡ ለረዳኢ ፡ ዘተነበየ ፡
አመ ፡ መጽአ ፡ ሐርበ ፡ ወውእቱ ፡ ከዊኖ ፡ ደጅን ፡ ፈነ
ወ ፡ ሠራዊቶ ፡ ምሁራን ፡ ዐብዕ ፡ ኀበ ፡ ሸዋዳ ፡ ዘዘረፍ
ም ፡ ሰብእ ፡ ሐዜ ፡ ለይእቲሰ ፡ ፈለግ ፡ ዘሀለወት ፡ በማ
እክል ፡ አልቦ ፡ ዘይክል ፡ አዳዋታ ፡ ውእተ ፡ አሚረ ፡
ፈነወ ፡ ቃሉ ፡ ትዕይርት ፡ ኀበ ፡ ሐርበ ፡ እንዘ ፡ ይብል ፡
ኃያል ፡ አገማኝ ፡ ሐርበ ፡ ነያ ፡ ቅድሜከ ፡ ምድረ ፡ ርስ
ት ፡ እንተ ፡ ታውሕገ ፡ ሐሲብ ፡ ወመዓረ ፡ አፍ(ጥ)ንኬ ፡ መ
ጸአ ፡ ወኢትትሐከይ ፡ ከመ ፡ ትትዋረሰ ፡ ወትትከፈል ፡ አ
ዕዓዳቲሃ ፡ ሐርበ ፡ አርመመ ፡ ወኢያወሥአ ፡ ምንተኒ ፡ አ
ላ ፡ አግብአ ፡ ለዘይኬንን ፡ ጽድቀ ፡ ሶበኒ ፡ ተቃተሉ ፡ ሠ
ራዊቱ ፡ ጸንዕዋሙ ፡ ፈላሺ ፡ በውእቱ ፡ ዕለት ፡ ወአንትዕ
ዋሙ ፡ እስክ ፡ ማእከለ ፡ ዓቀብ ፡ ወበሕቱ ፡ ኢተሐጕለ ፡
እምኔሆሙ ፡ ዘእንበለ ፡ ፩ ፡ እምዓበይተ ፡ ሕዝብ ፡ ዝንቱ ፡
ኰሉ ፡ ከዊኖ ፡ ተመይጠ ፡ ሐርበ ፡ በሰላም ፡ ብሔር ፡ ወ
በብዙን ፡ ዓመት ፡ ፍዳ ፡ ይእቲ ፡ ትዕይርቱ ፡ መጸአ ፡ ን
ጉሥ ፡ ኃያል ፡ መለክ ፡ ሰገድ ፡ ኀበ ፡ ሰ (fol. 161 v°, col. 1)
ሜን ፡ ዝንቱሰ ፡ ምጽእቱ ፡ ይመስል ፡ ዘይቤሎ ፡ ለረዳኢ ፡
ለአክ ፡ ኀበ ፡ አርበ ፡ ከመ ፡ ይምጻእ ፡ ኀቤከ ፡ ሀየንቲሁ ፡
መጸእኩ ፡ ከመ ፡ እትከፈል ፡ አዕጻዳቲከ ፡ ዘኢኃሠሥከኒ ፡
ረከብከኒ ፡ ወዘኢጸዋዕከኒ ፡ ተሰጠውኩك ፡ ዘይብል ፡ ከመ
ዝ ፡ ወተሀውከት ፡ ኰላ ፡ ምድር ፡ እምግርማሁ ፡ በከመ ፡
ተብህለ ፡ አደለቅለቃ ፡ ለምድር ፡ ወሆክ ፡ ወተንሣእነ ፡ በ

ሰኑይ ፡ እምጸርዳ ፡ በጸሕነ ፡ ቅሩብ ፡ ከተማሁ ፡ ለከሊፍ ፡
በሥሉስ ፡ ወነዳጣን ፡ ሕዝብ ፡ ወረዱ ፡ እምቤሳ ፡ እንበለ ፡
የእግዝዎሙ ፡ ወሰቤሃ ፡ አርአዮሙ ፡ ወልታ ፡ ወዙናተ ፡
ወበሕቱ ፡ እምጽአ ፡ ኀቤሆሙ ፡ ውእቶሙኒ ፡ እምጽኡ ፡ ኀ
ቤሁ ፡ ወተፈርሁ ፡ በበይናቲሆሙ ፡ ከተማሁኒ ፡ ገብሩ ፡ በ
አንጻሪሁ ፡ ዘሪፎሙ ፡ እክለ ፡ ባሕቱ ፡ በይእቲ ፡ ሌሊት ፡
አልቦ ፡ ዘተህበለ ፡ ቀሪበ ፡ ኀቤሆሙ ፡ ለአጎሰም ፡ እምፈ
ላሽ ፡ እስመ ፡ ሞገሰ ፡ ግርማሁ ፡ ለንጉሥ ፡ ትተልዎሙ ፡
ወመልአኩ ፡ ይትኀየን ፡ ዓውዶሙ ፡ ግንቱ ፡ ዙሉ ፡ ዘከ
ነ ፡ አመ ፡ ጾወዟ ፡ ለጥቅምት ፡ ስፍራሰ ፡ ዘሐዜጌ ፡ ደግኃ ፡
ውእቱ ፡ ወብዙነ ፡ ቀኑሩ ፡ ወበሳኒታ ፡ ረቡዕ ፡ ወረደ ፡ ን
ጉሥ ፡ እመልዕልተ ፡ ኀብ ፡ መትሕት ፡ ከመ ፡ ይዕብዕም ፡
ለከሊፍ ፡ ወአትረፍዎሙ ፡ በሳብራ ፡ ለዶብኃ ፡ ሥልጣን ፡
ወለሳዊሮስ ፡ ምስለ ፡ ብዙን ፡ አፍራስ ፡ ወነፍጥ ፡ ወሰብ
እ ፡ ወልታ ፡ ሐዜጌስ ፡ ወሪዶሙ ፡ ገብሩ ፡ ከተማ ፡ ኀብ ፡
ሰፍሩ ፡ ሰብእ ፡ ትማልም ፡ ግንቱሰ ፡ ኮነ ፡ አመ ፡ ፰ ፡ ለኀ
ዳር ፡ ወፍኖተ ፡ ይእቲ ፡ ዕለት ፡ ኮነ ፡ በ፝ ፡ ጸታ ፡ (col. II)
ወለእለሰ ፡ የሐውሩ ፡ በሃልሳይ ፡ ፍኖት ፡ ተንሥኡ ፡ ላእ
ሌሆሙ ፡ ፈላሽ ፡ እስመ ፡ አእመሩ ፡ ከመ ፡ ኢሀሎ ፡ ዝ
የ ፡ ግንቱሰ ፡ ንጉሥ ፡ መዋዒ ፡ ወሐሩ ፡ እንተ ፡ ክልእት ፡
ፍኖት ፡ ወሰቤሃ ፡ ተኃየሎሙ ፡ ፈቅጦር ፡ ወልደ ፡ እዛጋ ፡
ፋኑኤል ፡ ወቀተለ ፡ ብዙኅ ፡ እምኔሆሙ ፡ ወአወፈየ ፡ ለ
ሐዜጌ ፡ መጠነ ፡ ፻ ፡ ቾብፖ ፡ ግውእቱ ፡ ቀዳማይ ፡ መ
ዊኦቱ ፡ ለእግዚእነ ፡ ወጥንተ ፡ ተመውዖቶሙ ፡ ለፈላሽ ፡
ወቤተ ፡ ይእተ ፡ ሌሊተ ፡ ለጸቢሐ ፡ ሐሙስ ፡ እንበለ ፡
ይህብ ፡ ንዋመ ፡ ለአዕይንቲሁ ፡ ወኢድቃስ ፡ ለቀራንብቲሁ ፡
እንዘ ፡ ይሐሊ ፡ ወይመክር ፡ ዘከመ ፡ እፌ ፡ ያወርዶ ፡ እ
ምደብር ፡ ዘተጸወነ ፡ ቦቱ ፡ ወበይእቲ ፡ ሌሊተ ፡ ሐሙስ ፡
አሌለየ ፡ ገይስ ፡ ወሐረ ፡ ከመ ፡ ይዕብዖ ፡ ለከሊፍ ፡ ወ
ፈነዎሙ ፡ ለመስተቃትላን ፡ በ፝ ፡ ገጸት ፡ ወእንተ ፡ ታሕ
ታይ ፡ ፍኖት ፡ ሐረ ፡ እዛጋ ፡ ሐሊቦ ፡ ምስለ ፡ ባሕር ፡
እምብ ፡ ወክኑ ፡ ቅድመ ፡ ገጸ ፡ ደሳረጎት ፡ ጐበዝም ፡ ኀ

ጋሽ ፡ ውሬን ፡ ወበለፌ ፡ እሉ ፡ ኮኑ ፡ ቅሩበን ፡ ኃያላነ ፡
ዝንቱ ፡ ንጉሥ ፡ እለ ፡ ኢ.ይመይጡ ፡ ገጸሙ ፡ እምደርብ
የ ፡ ኩናት ፡ ወውግረተ ፡ ነፍጥ ፡ ወአሕፃ ፡ ወለእሉ ፡ ፈ
ነዎሙ ፡ ምስለ ፡ ብዙን ፡ ነፍጥ ፡ በበነገዶሙ ፡ ወበበሕዝ
ቦሙ ፡ ውእቱስ ፡ ቆመ ፡ ቅድመ ፡ ገጸ ፡ ከሊፍ ፡ ነበ ፡ ተ
ዓየነ ፡ ምስለ ፡ ሠራዊቱ ፡ ወአቆመ ፡ ርነቀቶሙስ ፡ ዘሀላ
ዌ ፡ የአክል ፡ መጠነ ፡ ሰብዓቱ ፡ ምዕራፍ ፡ አው ፡ ይበ
ግነ ፡ ወምስለ ፡ ዝነ ፡ ዓቢይ ፡ ፀድፍ ፡ ማእከሌሆሙ ፡ ዘ
ኢ.ይትከሀል ፡ ይዕድዉ ፡ ወኮነ ፡ ዓቢይ ፡ ፀብዕ ፡ በይእ
ቲ ፡ ዕለት ፡ ማእከለ ፡ ፈላሻ ፡ ወሠራዊተ ፡ ንጉሥ ፡ ወተ
ፃብያቆሙስ ፡ ለሰብእ ፡ ከሊፍ ፡ ኮነ ፡ በአዕቡን ፡ እንዘ ፡
ያመረግዉ ፡ በላእሴሆሙ ፡ ወይከልእዎሙ ፡ ዓሪገ ፡ እመት
ሕት ፡ ነበ ፡ መልእልት ፡ በዘከመዝ ፡ ግብር ፡ ጕንደዩ ፡ ሰ
ዓተ ፡ ነዋኃ ፡ ወጊዜ ፡ ፲ ፡ ሰዓት ፡ አዘዘ ፡ ንጉሥ ፡ ይው
ግሩ ፡ መድፍዓ ፡ ወበ (fol. 162 rᵒ, col. 1) ውግረቱ ፡ ፩ ፡
መድፍዕ ፡ አውደቅዎ ፡ ለዐዋሬ ፡ አልማ ፡ ወለአሐቲ ፡ ብእ
ሲት ፡ ዘተኃብእት ፡ ታሕተ ፡ ዕፅ ፡ ውእተ ፡ ጊዜ ፡ ተሐ
ውክ ፡ ከሊፍ ፡ ወሠራዊቱ ፡ እስመ ፡ መሰሎሙ ፡ ዘወድቀ ፡
መብረቅ ፡ እምሰማይ ፡ ወዶብእ ፡ ሥልጣንኊ ፡ ወረደ ፡ ላ
እሴሆሙ ፡ እመልእልት ፡ እስመ ፡ ተርፉ ፡ በላእሳይ ፡ ለዓ
ቂብ ፡ በር ፡ ወተራከቡ ፡ በላእሴሆሙ ፡ ዘየማን ፡ ወፀጋ
ም ፡ ዘላእል ፡ ወዘታሕት ፡ ከሊፍስ ፡ ኃጥአ ፡ ልቡናሁ ፡
እስመ ፡ አምሰጠ ፡ ልቡ ፡ እምብዙኅን ፡ ፍርሃት ፡ ወሰበ ፡
ተመንደበ ፡ እምዘሏሄ ፡ ነጥአ ፡ ዐርገ ፡ ውስተ ፡ ዓቢይ ፡
ፀድፍ ፡ ምስለ ፡ ነዳጣን ፡ ወዓልቱ ፡ ወቅድመ ፡ ዝንቱ ፡
አልቦ ፡ ዘዐርገ ፡ ላእለ ፡ ዘቲ ፡ እላ ፡ አዕረነ ፡ ፍርሃቱ ፡ ለ
ዝንቱ ፡ ተሀብላ ፡ ወሠራዊተ ፡ ዐብዕስ ፡ እለ ፡ ተርፉ ፡ እ
ፍኁ ፡ እምግርማ ፡ መድፍዕ ፡ ወእምኃያላነ ፡ ዝንቱ ፡ ን
ጉሥ. ፡ እለ ፡ ይመስሉ ፡ ኃያላነ ፡ ዳዊት ፡ ዘአስተማሰለ ፡
ምጽሐፍ ፡ ራብዖሙ ፡ በሩበት ፡ ንስር ፡ ወጽንያሙ ፡ ቦጸ
ንዓ ፡ እንበሳ ፡ ውእቶ ፡ ጊዜ ፡ መንፈቆሙ ፡ ወደቁ ፡ በ
ኩናት ፡ ወመንፈቆሙ ፡ ዘተዘርዉ ፡ ውስተ ፡ ፀድፍ ፡ እን

ዘ ፡ ይገይዩ ፡ ወእንስሳሂ ፡ እለ ፡ ከመ ፡ አልህምት ፡ ወአበእር ፡ ወአብቅልት ፡ ወአዕዱግ ፡ ወኢኀደጉ ፡ ሕያወ ፡ አላ ፡ አህጉሉ ፡ በከመ ፡ ተብህለ ፡ ወቀተለ ፡ በኵሮሙ ፡ ለግብጽ ፡ እምሰብእ ፡ እንስሳ ፡ እስመ ፡ አውገዘ ፡ አበ ፡ ንዋይ ፡ ከመ ፡ ኢይኅድጉ ፡ እደ ፡ ወአንስተ ፡ አዕሩግ ፡ ወሕፃናተ ፡ ወኵሎ ፡ ዘይሐውር ፡ በእግር ፡ ዕፁብ ፡ ዚኣሁ ፡ ዘኮነ ፡ በይእቲ ፡ ዕለት ፡ ለአሐቲ ፡ ብእሲት ፡ ዘተማኅረከት ፡ እንዘ ፡ ያመጽኡ ፡ አሲሮ ፡ (col. II) እዷ ፡ ምስለ ፡ እዱ ፡ ወሶበ ፡ ርእየት ፡ በትቃሐ ፡ ዓቢየ ፡ ዐድፌ ፡ እንዘ ፡ ተሐውር ፡ ኦአዶናይ ፡ ርድአኒ ፡ በሂለ ፡ ተወርወት ፡ ውስተ ፡ ዐድፍ ፡ ወተማልአቶ ፡ ለውእቱ ፡ ብእሲ ፡ እንበለ ፡ ፈቃዱ ፡ ዘአሰረ ፡ እዷ ፡ ምስለ ፡ እዱ ፡ ዕፁብኬ ፡ ጥበባተ ፡ ዛቲ ፡ ብእሲት ፡ ዘኢመሐቀት ፡ ርእሳ ፡ እሞት ፡ እምትደመር ፡ ምስለ ፡ ማኅበረ ፡ ክርስቲያን ፡ አኮ ፡ ዘገብረት ፡ ዘንተ ፡ በሕቲታ ፡ አላ ፡ ብዙኃን ፡ ተመሰልዋ ፡ በዝንቱ ፡ አላ ፡ ዛቲ ፡ ቀደመቶሙ ፡ ዝንቱሰ ፡ ምግባሮሙ ፡ ይመስል ፡ ምግባረ ፡ ፵ ፡ ዕደው ፡ እምነ ፡ አይሁድ ፡ ዘዓቢዮሙ ፡ ወልደ ፡ ክርዮን ፡ ወኅሉቅ ፡ ምስሌሆሙ ፡ ዘተመሐሉ ፡ ወተከየዱ ፡ ከመ ፡ ይቅትሉ ፡ ፩ ፡ ለ፩ ፡ ወምክንያቱሰ ፡ ከመ ፡ ኢይግብኡ ፡ ኀበ ፡ ምልክና ፡ ሮም ፡ ወሞቱ ፡ በይእቲ ፡ ዕለት ፡ ወባሕቲቱ ፡ ዮሴፍ ፡ ተርፈ ፡ በጥበቡ ፡ በእንተዝ ፡ አስተማሰሉ ፡ ሞተ ፡ እሉ ፡ ቀዳማውያን ፡ ወደኃራውያን ፡ እመንገለ ፡ ግብአቶሙ ፡ ለሞት ፡ እምይትአዘዙ ፡ ለዘኢየሐብር ፡ ምስሌሆሙ ፡ በሃይማኖት ፡ እስመ ፡ ኢየሐብሩ ፡ አይሁድ ፡ ኅርማተ ፡ ምስለ ፡ ክርስቲያን ፡ አበ ፡ ንዋይሰ ፡ መከረ ፡ ምክረ ፡ ጽኑዓ ፡ በይእቲ ፡ ዕለት ፡ ወይቤ ፡ ቢቱ ፡ በይእቲ ፡ ሌሊት ፡ እንዘ ፡ ተዓቅቡ ፡ ፍናዋተ ፡ ዘለፌ ፡ ወለፌ ፡ ከመ ፡ ኢያምስጥ ፡ ዝንቱ ፡ (fol. 162 v°, col. I) ዓላዊ ፡ ዘፈትሐ ፡ ቦቱ ፡ እግዚአብሔር ፡ ባሕቲቱ ፡ ኢሰምዐ ፡ ምክሮ ፡ ሠራዊተ ፡ ንጉሥ ፡ አላ ፡ ተመይጡ ፡ ኵሎሙ ፡ ኀበ ፡ ከተማ ፡ ባሕር ፡ አምባኒ ፡ ዘቤቱ ፡ ይእተ ፡ ዕለተ ፡ ፍኖተ ፡ በጥቃ ፡ ፍኖቱ ፡

ኢያእመሩ ፡ እንዘ ፡ የሐልፍ ፡ ቅሩብ ፡ ዚአሆሙ ፡ እስመ ፡
ኢበፅሐ ፡ ትእንዘቱ ፡ ከመ ፡ ረዳኢ ፡ እጐሁ ፡ ወዐለተ ፡
ተቀትሎቱ ፡ ከመ ፡ ቅትለተ ፡ አብያጺሁ ፡ ወእምዝ ፡ አሰ
ንበቱ ፡ ኀበ ፡ ሰፈሩ ፡ በዕለተ ፡ ረቡዕ ፡ ወበዳግማይ ፡ ዕለ
ተ ፡ ረቡዕ ፡ ገብሩ ፡ ጕዞ ፡ እምውእቱ ፡ ከተማ ፡ ወወፂአ ፡
ዓቀበ ፡ ገብረ ፡ ስፍራ ፡ ከሊፍስ ፡ አምሒጠ ፡ እሞተ ፡ ይ
እቲ ፡ ዕለት ፡ ስሕወ ፡ ልቡ ፡ ወከነ ፡ ከመ ፡ አብዱ ፡ እ
ስመ ፡ ኢየአምር ፡ ኀበ ፡ የሐውር ፡ በከመ ፡ ተብህለ ፡ በ
እንተ ፡ ብእሲ ፡ ዘየሐውር ፡ በጽልመት ፡ ሐዜጌኒ ፡ አጽን
ዑ ፡ ከተማ ፡ በውእቱ ፡ መከን ፡ መጠነ ፡ ፪ ፡ ሱብኤ ፡
ወበሀየ ፡ ተራከቡ ፡ ምስለ ፡ ሹም ፡ ተክለ ፡ ጊዮርጊስ ፡
ወአቤቶ ፡ ዮሐንስ ፡ ወሹም ፡ ሲሬ ፡ ተክለ ፡ ሥሩስ ፡ ወ
ምስለ ፡ ኩሎሙ ፡ ሰየምተ ፡ ትግሬ ፡ ወበዕለተ ፡ ብዕሐፎ
ሙ ፡ ኀበ ፡ ውእቱ ፡ ስፍራ ፡ አዘዙ ፡ ሐዜጌ ፡ ከመ ፡ ይ
ምትሩ ፡ ሰኮና ፡ አልህምት ፡ ወአባዕር ፡ ዘህለዉ ፡ በከተ
ማ ፡ ከመ ፡ ኢይክልእዎሙ ፡ ለመስተቃትላን ፡ ኢያስተፃዕቅ
ዎሙ ፡ ጊዜ ፡ ተፃብዖ ፡ አመ ፡ ተንሥአ ፡ ፈላሻ ፡ በጕዞ ፡
እስመ ፡ መጽብብ ፡ ጥቀ ፡ ወመቅዓን ፡ ፍኖተ ፡ ውእቱ ፡
ብሔር ፡ ወበጊዜ ፡ ወዕአ ፡ ዝንቱ ፡ ትእዛዝ ፡ ጠብሑ ፡ ጨ
ዋ ፡ ወደጎደር ፡ ኩሎ ፡ እምጸገት ፡ እስከ ፡ ክናፍ ፡ ሐቀ ፡
ጸኒሐ ፡ ሆከት ፡ ልቦ ፡ ርጎራጌሁ ፡ ጠ (col. II) በይዓዊት ፡
ወአንገረ ፡ አዋጅ ፡ ከመ ፡ ይጐድጉ ፡ ጠቢሐ ፡ አልህምት ፡
ሰብ ፡ ርእየ ፡ ኀዘነ ፡ ሰብአ ፡ ከተማ ፡ ወበሕቱ ፡ ሐልቀ ፡
ዘይበዝን ፡ ወተርፈ ፡ ዘይውህድ ፡ እስመ ፡ አስተፋጠኑ ፡ ጠ
ቢሐቾሙ ፡ አብዳነ ፡ ከተማ ፡ ዘይሰመዩ ፡ ወደላ ፡ ወእም
ድጎረዝ ፡ ተንሥኡ ፡ እምሀየ ፡ በዕለተ ፡ ሠሉስ ፡ አመ ፡
፳ ፡ ለጎዳር ፡ ወበዕሑ ፡ መሸሐ ፡ ወተቀበሎሙ ፡ ረዳኢ ፡
መልአክ ፡ ሀገር ፡ በማዕዶተ ፡ ፈለግ ፡ አስተጋቢእ ፡ ኩሎ ፡
ምሁራን ፡ ቀትል ፡ እለ ፡ ይእንዙ ፡ ወልታ ፡ እምፀ ፡ ጸ
ታ ፡ ኀበ ፡ ፀ ፡ እምእሉ ፡ ውእቱ ፡ ዝንቱኒ ፡ ንጉሥ ፡ ፎ
መ ፡ በአንፃሪሁ ፡ ወመንፈቀ ፡ ኃያላን ፡ ፈነወ ፡ ኀበ ፡ እ
ለ ፡ ቆሙ ፡ መስተቃትላን ፡ ፈላሻ ፡ በክልእ ፡ ዓታ ፡ ውእ

ቱሰ ፡ ፈነወ ፡ ቅድመ ፡ ገጹ ፡ ናሩያነ ፡ ዕደወ ፡ ኃይል ፡
እምሰብእ ፡ ነፍጥ ፡ ወሰብእ ፡ ወልታ ፡ ወቀተለ ፡ ብዙኃ
ነ ፡ እምኔሆሙ ፡ ለኃያላኒሁ ፡ ወርእዮ ፡ ረዳኢ ፡ እንዘ ፡
ፍርሃት ፡ ወረአድ ፡ ወጕየ ፡ ሰቤሃ ፡ መንገለ ፡ ፍኖተ ፡ ዓ
ቀብ ፡ ወእለ ፡ ቆሙ ፡ በካልእ ፡ ብር ፡ ተድህሉ ፡ እምፍርሃ
ተ ፡ እሉ ፡ መስተቃትላን ፡ ዘዐብዕዋሙ ፡ ወሐሩ ፡ ናበ ፡
እግዚእሙ ፡ ወጕዩ ፡ ድኃረ ፡ አርቲዖሙ ፡ መንገለ ፡ አምብ
ሁ ፡ ለረዳኢ ፡ ወበይእቲ ፡ ዕለት ፡ ሰፈረ ፡ ሹም ፡ ተክለ ፡
ጊዮርጊስ ፡ ዓዲዋ ፡ ፈለገ ፡ መሸኽ ፡ ወበሳኒታ ፡ ተንሥኡ ፡
ሐዜኔ ፡ ወሰፈሩ ፡ በማዕዶተ ፡ ፈለግ ፡ ናበ ፡ ከተማ ፡ ሹ
ም ፡ ተክለ ፡ ጊዮርጊስ ፡ ወበሳኒታሁ ፡ ሐሙስ ፡ ወዓልነ ፡
ወበሳኒታሁ ፡ ዓርብ ፡ ተንሥኡ ፡ እምሀየ ፡ ወኃደሩ ፡ እንበ
ለ ፡ ይፈጽሙ ፡ ዓቀብ ፡ አመ ፡ ጽወ፫ ፡ ለናዳር ፡ ወበሳኒታ
ሁ ፡ (fol. 163 r°, col. l) በዕለተ ፡ ሰንበተ ፡ አይሁድ ፡ እስ
ተፋነዉሙ ፡ ለሠየምተ ፡ ትግሬ ፡ ይሑሩ ፡ በታሕታይ ፡ ፍ
ኖት ፡ ወይጽንሕዋ ፡ በጥቃ ፡ አምበሁ ፡ ለረዳኢ ፡ ዝንቱሰ ፡
በዓለ ፡ መዊዕ ፡ ሐረ ፡ እንተ ፡ ለእሳይ ፡ ፍኖት ፡ ወበፍጻ
ሜ ፡ ውእቱ ፡ ዓቀብ ፡ ረከብነ ፡ ገቢር ፡ ከበ ፡ ከመ ፡ ይ
ፀብዕ ፡ ቦቱ ፡ ተዐዊኖ ፡ ኪያሁ ፡ ወይከልእሙ ፡ ኃሊፈ ፡
ለመስተቃትላን ፡ ወበሕቱ ፡ እነደገፎ ፡ ፍርሃቱ ፡ ዓቂበ ፡
ውእቱ ፡ ብር ፡ እስመ ፡ አደንገያ ፡ ግርማ ፡ መዊአቱ ፡ ዘዕ
ለተ ፡ ሠሉስ ፡ ወኃሊፈነ ፡ ውእተ ፡ ጕጻጕዐ ፡ ወመቅዓነ ፡
ሐርነ ፡ ንስቲተ ፡ ወሰፈርነ ፡ ውስተ ፡ መከን ፡ ርኁብ ፡ ወበ
ሳኒታሁ ፡ ሰንበተ ፡ ክርስቲያን ፡ ወእልነ ፡ ሀየ ፡ ወውእቱ ፡
አመ ፡ ጽወ፬ ፡ ለናኃር ፡ ዘውእቱ ፡ ክኑን ፡ ቀዳማይ ፡ ወበ
ቱ ፡ ክነ ፡ ዕለተ ፡ ዕረፍታ ፡ ለዓብይ ፡ ንግሥት ፡ ሰብላ ፡ ወ
ንግል ፡ መፍቀሪተ ፡ ጸሎት ፡ ወጸም ፡ ፈራሂተ ፡ እግዚእብ
ሔር ፡ ወመፍቀሪተ ፡ ሰብእ ፡ ወእግዚእብሔር ፡ ይትወከፍ ፡
ነፍሳ ፡ በመንግሥተ ፡ ሰማያት ፡ ምስለ ፡ ነፍሳቲሆሙ ፡ ለ
እለ ፡ አዕረፉ ፡ በሃይማኖት ፡ ወአመ ፡ ጽወ፭ ፡ ለውእቱ ፡
ወርኀ ፡ በዕለተ ፡ ሠኑይ ፡ ተንሥኡ ፡ እምውእቱ ፡ ስፍራ ፡
ወንስቲተ ፡ ሐዊሮሙ ፡ ሰፈሩ ፡ በቅሩበ ፡ እምበሁ ፡ ለረዳ

ኢ ፡ አመ ፡ ጾወኝ ፡ ወሰብ ፡ ርእይዎ ፡ ለንቀብ ፡ ደንገፀ ፡
ልቦሙ ፡ ለመስተቃትላን ፡ እስመ ፡ ተዘከሩ ፡ ሕልቀተ ፡ ወ
ዓልያኒሁ ፡ ኃያላን ፡ ለአዝማኖ ፡ ይስሐቅ ፡ ወቅሩብ ፡ ው
እቱ ፡ አምብ ፡ ወዘተ ፡ ሰሙን ፡ ፈደ.ሞሙ ፡ በዕለተ ፡ ሰኑ
ይ ፡ አመ ፡ ፳ ፡ ለታኅሣሥ ፡ ዘውእቱ ፡ ዕለተ ፡ በአታ ፡
ለእግዝእትን ፡ ማርያም ፡ ውስተ ፡ ቤተ ፡ መቅዱ (col. II) ስ ፡
ወዕአ ፡ ንጉሥ ፡ ወነበረ ፡ በጽንፈ ፡ ቀልቀል ፡ ወሠርዖሙ ፡
ለመስተቃትላን ፡ በፅ ፡ ጸታ ፡ ፈነዎሙ ፡ ሣጠ ፡ ዓበይተ ፡
ለእሴሆሙ ፡ ዘውእቶሙ ፡ አብ ፡ ንዋይ ፡ ወዮናኤል ፡ ወደ
ጎረጎት ፡ ለአብ ፡ ንዋየ ፡ አዘዘ ፡ ከመ ፡ ይሐር ፡ እምገበ
ዋቲሁ ፡ ለቀልቀል ፡ በፍኖት ፡ ጠዋይ ፡ ወመቅዓን ፡ ወለዮ
ናኤል ፡ አዘዘ ፡ ከመ ፡ ይሐር ፡ በማእከል ፡ ወለደጎረጎት ፡
አዘዘ ፡ ከመ ፡ ይሐር ፡ እንተ ፡ ታሕታይ ፡ ፍኖት ፡ ዘወ
ድቁ ፡ ቦቱ ፡ ወዓልተ ፡ ይስሐቅ ፡ ወእምነ ፡ ፫ ፡ ፍናው ፡
ጸንን ፡ ቀትል ፡ በዘሀሎወ ፡ ቦቱ ፡ ደጎረጎት ፡ እስመ ፡ እ
ንበረ ፡ ቦቱ ፡ ረዳኢ ፡ በፍኖት ፡ ፀብ ፡ ምሁራን ፡ ፀብ
ዕ ፡ መስተቃትላነ ፡ ከመ ፡ ይክልእዎሙ ፡ ለመስተቃትላን ፡
ወበሕቱ ፡ ረድኤተ ፡ እግዚአብሐር ፡ መዋኢት ፡ ዘኃደረ
ት ፡ ለእለ ፡ ዝንቱ ፡ ንጉሥ ፡ ሞአሙ ፡ ወቀተለ ፡ መብ
ዝንቶሙ ፡ ወአዕቀጾሙ ፡ ለናሩያን ፡ ፈላሽ ፡ ለማእከላይኒ ፡
ወታሕታይኒ ፡ ሠራዊተ ፡ ፀብዕ ፡ በበሕዘቢሆሙ ፡ ወሪዶ
ሙ ፡ ተዓየኑ ፡ በአንገረ ፡ ውእቱ ፡ አምብ ፡ ወገብሩ ፡ ከ
ተማ ፡ ወኃደሩ ፡ ጎቡረ ፡ አብ ፡ ንዋይስ ፡ ዘሑሪ ፡ ላእለ ፡
እንተ ፡ ገበዋተ ፡ ፀድፍ ፡ ኃደረ ፡ ውስተ ፡ ውሣጤ ፡ በ
አት ፡ በማዕከለ ፡ ፀድፍ ፡ ዘይትናዐር ፡ ምስለ ፡ አምብ ፡
ወሠራዊተ ፡ ዮናኤልስ ፡ ወደጎረጎት ፡ ዘረከቡ ፡ በጼዋዌ ፡
አብቅልተ ፡ ወአፍራስ ፡ ወአዕዱግ ፡ ወኩሉ ፡ እንስሳ ፡ ዘ
ኢያትረፉ ፡ እስመ ፡ አውገዘ ፡ አብ ፡ ንዋይ ፡ ከመ ፡ ኢያ
ትርፉ ፡ ኩሉ ፡ ዘማኅረከ ፡ አለ ፡ ይቅትሉ ፡ በከመ ፡ ጸ
ሐፍን ፡ ቀዳሚ ፡ ወበይእቲ ፡ ዕለተ ፡ ሰኑይ ፡ ሶብ ፡ ርእይ
ዎሙ ፡ ለእለ ፡ ደጎረጎት ፡ ተበሀሉ ፡ ሠራዊተ ፡ ሹም ፡ ተ
ከለ ፡ ጊዮርጊስ ፡ ወኩሉ ፡ ሰየምተ ፡ ትግሬ ፡ ወወረዱ ፡

እምከተማሆሙ ፡ እኑዛነ ፡ (fol. 163 v°, col. 1) ቀስት ፡ ወ
ወልታ ፡ ወበዕሐ ፡ ቅሩብ ፡ አምብ ፡ ወሶቤሃ ፡ ወረዱ ፡ ኅ
ቤሆሙ ፡ ኃያላነ ፡ ፈላሽ ፡ ወአንትዕዎሙ ፡ ለሰብአ ፡ ትግ
ሬ ፡ ወዴገኑዎሙ ፡ እስከ ፡ ማእከለ ፡ ዓቀብ ፡ እስመ ፡ ገ
ብሩ ፡ ከተማሆሙ ፡ በውእቱ ፡ ጊዜ ፡ በመከን ፡ ልዑል ፡
ዘይትናጸር ፡ ምስለ ፡ አምብ ፡ ወበሕቱ ፡ ኢተኃጉለ ፡ ፩ ፡
እምኔሆሙ ፡ ወበሳኒታሁ ፡ ዕለተ ፡ ሠሉስ ፡ አመ ፡ ረቡዕ ፡
ለውርኃ ፡ ታሕሣሥ ፡ ተንሥአ ፡ ንጉሥ ፡ እንዘ ፡ ይጥህ
ር ፡ ከመ ፡ አንበሳ ፡ ወወረደ ፡ ኃበ ፡ ተዓየኑ ፡ ሠራዊቱ ፡
እንዘ ፡ ይዴግን ፡ አሰሮሙ ፡ ወእምነብ ፡ ሰፈሩ ፡ እለ ፡ ደ
ኃረነገት ፡ ሕቀ ፡ ሐሊሮ ፡ ተከለ ፡ ደብና ፡ ወሰብ ፡ ርእየ ፡
ውእቱ ፡ አይሁዳዊ ፡ ተህበሊ ፡ ላእለ ፡ እግዚአብሔር ፡ ወ
ለእለ ፡ መሢሑ ፡ ፍርሃት ፡ ወረዓድ ፡ ወረደ ፡ ላእሌሁ ፡ እ
ስከ ፡ አውዕአ ፡ ቃለ ፡ ወከሠተ ፡ አፉሁ ፡ ወይቤ ፡ ናሁ ፡
ፈቀደ ፡ ዝንቱ ፡ ይግብር ፡ ብየ ፡ በከመ ፡ ገብረ ፡ በእኑ
የ ፡ ከሊፋ ፡ እስመ ፡ አእመረት ፡ ነፍሱ ፡ ለባዊት ፡ ከመ ፡
ትብዕሐ ፡ ዘበዕሐት ፡ ለእኑሁ ፡ ዝንቱኒ ፡ ከሊፋ ፡ ተነብየ ፡
ቅድመ፡መዝ ፡ ሶብ ፡ ነበብ ፡ ላእሌሁ ፡ ቃለ ፡ ትዕይርት ፡ ዝን
ቱ ፡ በእንተ ፡ ተመውእቱ ፡ እንዘ ፡ ይብል ፡ ተመውአ ፡
በውእቱ ፡ አምብ ፡ ዘአምር ፡ አከኑ ፡ ኢይትከሀል ፡ ይዕ
ርጉ ፡ በቱ ፡ ኃያላን ፡ ኃድጉስ ፡ ዐሪገ ፡ ኃቤሁ ፡ ሶብ ፡ ይ
ርእዮኒ ፡ ይዴነግፀ ፡ ወኢይሐልየዎ ፡ ከመ ፡ ይዕርጉ ፡ እ
ውሥአ ፡ ከሊፋ ፡ ወይቤ ፡ ኢይትኃደግ ፡ ይብጻሕ ፡ ላእሌ
ሁ ፡ ዘበዕሐ ፡ ብየ ፡ ሶብ ፡ ይሬአ ፡ ግርግ ፡ መዓቱ ፡ ለ
ንጉሥ ፡ ይፈትሕ ፡ ለተመውእትየ ፡ ዛቲ ፡ ቃለ ፡ ትንቢት ፡
ወዕአት ፡ እምአፉሁ ፡ ለከሊፋ ፡ ወተፈጸመት ፡ በጊዜሁ ፡
ወበሰርከ ፡ ሠሉስ ፡ ለዐቢሐ ፡ ረቡዕ ፡ መከረ ፡ (col. II) ም
ከረ ፡ ፈራህ ፡ ይኃንድግ ፡ ምብከየ ፡ ዘተጸወነ ፡ በቱ ፡ ወኢ
ፈቀደ ፡ ተዓብዮተ ፡ ንጉሥ ፡ እስመ ፡ መንፈስ ፡ ፍርሃት ፡
መለከ ፡ ልበ ፡ ወሶቤሃ ፡ ተንሥአ ፡ በይእቲ ፡ ሌሊት ፡ እ
ንተ ፡ በቲ ፡ አግብአ ፡ ርእሶ ፡ ለእብ ፡ ንዋይ ፡ ሐረ ፡ ም
ስለ ፡ ብእሲቱ ፡ ወውሉዱ ፡ ወምስለ ፡ ኃጻጣነ ፡ ወዓልያኒ

ሁ ፡ ዘየእምሮሙ ፡ ወቦአ ፡ ውሣጤ ፡ በእት ፡ ጎብ ፡ ላእላ
ይ ፡ ፀድፍ ፡ ዘኢዖርገ ፡ ቦቱ ፡ መኑሂ ፡ እምቅድመዝ ፡ ለ
ሠራዊትሂ ፡ ዘረዋሙ ፡ ለፌ ፡ ወለፌ ፡ ጎብ ፡ ያምሥጡ ፡
እመንተ ፡ ንጉሥ ፡ ወሶቤሃ ፡ ፈነወ ፡ ረዳኢ ፡ ፪ ፡ ላእካነ ፡
ይበልዎ ፡ ለአባ ፡ መሐል ፡ ሊተ ፡ በወንጌልከ ፡ ታስተምሀ
ር ፡ ሊተ ፡ ቅድመ ፡ ንጉሥ ፡ ወአንተ ፡ ኢታሕስም ፡ ብ
የ ፡ ወቀዊሞሙ ፡ እምርሑቅ ፡ ዐውዑ ፡ ወይቤሉ ፡ ብነ
ነገር ፡ ወፈኑ ፡ ለነ ፡ ዘይትቤለነ ፡ ወፈነወ ፡ ሎሙ ፡ ፪ ፡
ዘይትቤልዎሙ ፡ ወበጺሐሙ ፡ ነገሩ ፡ መልእክተ ፡ ወይቤ
ሎሙ ፡ አባ ፡ ንዋይ ፡ በልም ፡ ለምንት ፡ አአመነከ ፡ ቅድ
መ ፡ ትቤ ፡ ይምጻእ ፡ አባ ፡ ንዋይ ፡ እንግር ፡ ዘውስተ ፡
ልብየ ፡ ብሂለከ ፡ አውረድከኒ ፡ እምከተማ ፡ ወተጓሕለው
ከኒ ፡ ወዓብይከ ፡ ተራክቦትየ ፡ ዓዲ ፡ ኢየእምነከ ፡ በእንተ
ዝ ፡ ወይእዜኒ ፡ መሐል ፡ በእሪትክ ፡ ወአነ ፡ እምሕል ፡
በወንጌልየ ፡ በዝ ፡ ረሰዮ ፡ ነገረ ፡ ምቱረ ፡ ወምስለ ፡ ላ
እካን ፡ ፈነወ ፡ ፪ ፡ ዕደወ ፡ ይሚጡ ፡ ቃሎ ፡ ወማጎተመ ፡
ነገሩ ፡ ዘይብል ፡ ይእዜሰ ፡ ይቁም ፡ በመሐላ ፡ እስመ ፡
ኩሉ ፡ በመሐላ ፡ የሐልቅ ፡ ወሶቤሃ ፡ ፈነወ ፡ ብስራተ ፡ ጎ
በ ፡ ንጉሥ ፡ እንዘ ፡ ይብል ፡ ብስራትክ ፡ ንጉሥ ፡ ናሁ ፡
አግብአ ፡ እግዚኣብሐር ፡ ለገዝንቱ ፡ ፈላሽ ፡ ውስተ ፡ እዴ
ከ ፡ ወዘንተ ፡ ሰሚዖ ፡ ኢተመክሐ ፡ ንጉሥ ፡ ከመ ፡ አ
ሕዛብ ፡ ወዓዲ ፡ ይከውን ፡ ቅዉጸ ፡ ተስፍ ፡ ከመ ፡ አብዳ
ን ፡ ሰብ ፡ ይብዕሑ ፡ ሐዘን ፡ እስመ ፡ የእምር ፡ ከመ ፡ ይ
ከውን ፡ በተባርዮ ፡ ግብር ፡ ዝንቱ ፡ (fol. 164 r°, col. 1) ዓ
ለም ፡ ሥጋዊ ፡ በከመ ፡ ኢያስተበሪ ፡ የማኖ ፡ ልዑል ፡
እስመ ፡ ጽሑፍ ፡ ዘይብል ፡ ጊዜ ፡ ለሐዘን ፡ ወጊዜ ፡ ለ
ፍሥሐ ፡ ጊዜ ፡ ለመዊዕ ፡ ወጊዜ ፡ ለተመውአ ፡ ወበሕቱ ፡
ወሀብ ፡ አኰቴተ ፡ ለእግዚኣብሐር ፡ እንዘ ፡ ይብል ፡ ስብ
ሐት ፡ ለእግዚእብሐር ፡ ዘያሌዕሎሙ ፡ ለየዋሓን ፡ ወይነስ
ቆሙ ፡ ለእቡያን ፡ እመናብርቲሆሙ ፡ ለረዳኢሰ ፡ መክረ
ምክረ ፡ ጽኑዓ ፡ ወግብረ ፡ ጠቢባን ፡ እስመ ፡ ዐርገ ፡ ው
ስተ ፡ ልቡ ፡ ሐሊና ፡ ዘይብል ፡ ይኔይስኒ ፡ ተጋንዮ ፡ ለ

ዝንቱ ፡ ንጉሥ ፡ መዋዔ ፡ መዋዕያን ፡ እምእትቃወም ፡ ቅ
ዮሜሁ ፡ ለዛኢየክል ፡ ተቃውሞቶ ፡ ዐባኢተ ፡ ነፍጥ ፡ ወ
መድፍዕ ፡ ዘተናገረሂ ፡ ኢሐሰወ ፡ ወቦአ ፡ ጓብ ፡ ንዋይ ፡
ለፀቢሐ ፡ ዕለተ ፡ ረቡዕ ፡ ወምስለ ፡ ግዚ ፡ ተአመነ ፡ ምሕ
ረተ ፡ ግንቱ ፡ ንጉሥ ፡ መሐሪ ፡ ወመስተጓሀል ፡ በከመ ፡
ተአመኑ ፡ ኃጥአን ፡ ምሕረተ ፡ እግዚእነ ፡ ኢየሱስ ፡ ዘይ
ቤ ፡ ኢመጸእኩ ፡ ጻድቃን ፡ አላ ፡ ኃጥአነ ፡ ለንስሐ ፡ በ
ዝየ ፡ ናስተብቍዓ ፡ ለአብ ፡ ንዋይ ፡ እንዘ ፡ መነክስ ፡ ዘ
ኢለመደ ፡ ተቃትሎ ፡ ናሁ ፡ ይቀድሞሙ ፡ ለኃያላን ፡ በ
ዊአ ፡ ጓብ ፡ ዐብዕ ፡ ወኢይዴጓር ፡ እምፍርሀተ ፡ ሰይፍ ፡
ወሱናት ፡ ርእዩኬ ፡ ጥብአተ ፡ ግንቱ ፡ መነክስ ፡ እንዘ ፡ ኢ
የአምር ፡ ምንተኒ ፡ ዘእንበለ ፡ ግብረ ፡ እድ ፡ ዘይገብርዖ ፡
መነክሳት ፡ ነዳያን ፡ ይእዜሰ ፡ ኃየለ ፡ እምሁራነ ፡ ዐብዕ ፡
ዘለመዱ ፡ ተቃትሎ ፡ እምንዕሰሙ ፡ መንክር ፡ ግብሩ ፡ ለእግ
ዚእብሕር ፡ ዘያጸንዖሙ ፡ ለድኩማን ፡ ወያደክሞሙ ፡ ለጸ
ኑዓን ፡ በከመ ፡ ይቤ ፡ ዳዊት ፡ በመዝሙር ፡ ዘየዓወዕ ፡ ይ
ትባረክ ፡ እግዚአብሕር ፡ እምላኪየ ፡ ዘመሐሮን ፡ ዐብዓ ፡
ለእደውየ ፡ ወቀትለ ፡ ለአፃብዕየ ፡ መስተቃትላነ ፡ ግንቴሰ ፡
ንጉሥ ፡ ቤቱ ፡ እንተ ፡ ሴሊተ ፡ እንዘ ፡ የዓወዱ ፡ ውእ
ተ ፡ አምብ ፡ እምሁሉ ፡ ገበዋቲሁ ፡ (col. II) ወጊዜ ፡ ፍና ፡
ነገሀ ፡ ዐርጉ ፡ መልእልቲሁ ፡ ወኢረከቡ ፡ ፩ሂ ፡ ዘይትቃ
ወሞሙ ፡ አዕበንኂ ፡ ዓበይት ፡ እለ ፡ ይሰመይዎሙ ፡ በዓው
ዴ ፡ ጸኔፈሁ ፡ ለውእቱ ፡ እምብ ፡ ከመ ፡ ይመርግህዖ ፡ ጊ
ዜ ፡ ዐብዕ ፡ ወለለፀ ፡ እምኔሆሙ ፡ ወበዘሴምዓ ፡ በዘመነ ፡
ሐዔ ፡ በእደ ፡ [ማርያም ፡] ወበ ፡ ዘሴምዓ ፡ በዘመነ ፡ ሐ
ዔ ፡ እስክንድር ፡ ወሐዔ ፡ ናዖድ ፡ ላእሌሆሙ ፡ ሰላም ፡ ይ
ምህሮሙ ፡ ወይሠህሎሙ ፡ እግዚአብሕር ፡ ወግብረቶሙ ፡
ለእሉ ፡ አዕበን ፡ ከመግ ፡ ውእቱ ፡ ገለውዓሙ ፡ ከመ ፡ ከ
በር ፡ ወሜምዋሙ ፡ በዙሉ ፡ ጸኔፈሁ ፡ ለፀ ፡ ሰመይዓ ፡ ብ
ርሃን ፡ ወለካልኡ ፡ ሰመይዓ ፡ ሐብክ ፡ ወለሣልሱ ፡ በዋ ፡
ወበ ፡ ካልአኒሁ ፡ እለ ፡ ኢነአምር ፡ አስማጢሆሙ ፡ ዘንተ ፡
ቱሉ ፡ ከብረ ፡ ዘይገብሩ ፡ ለእሉ ፡ አእባን ፡ እስመ ፡ ይ

ትእመንዎሙ ፡ ጻዲጎሙ ፡ እግዚአብሔርሃ ፡ ዘይገሥሙ ፡ ለ
አድባር ፡ ወይጠይሱ ፡ ወያወድቆን ፡ ለአድባር ፡ ጽኑአት ፡
ወጊዜ ፡ ዕርገቶሙ ፡ ለእሉ ፡ አላውያን ፡ ጻድጉስ ፡ ከመ ፡
ያመርግሁ ፡ ቦሙ ፡ በአዕባዕቶሙ ፡ ጥቀ ፡ አገሡሥዎሙ ፡
እስመ ፡ ሐሩ ፡ ግብተ ፡ ለለኩሉ ፡ ፍናዋቲሆሙ ፡ እንዘ ፡
ይደህሉ ፡ ወሠራዊተ ፡ ንጉሥ ፡ እንዘ ፡ የዓርጉ ፡ መልእ
ልተ ፡ ውእቱ ፡ ደብር ፡ አልቦ ፡ ዘረከቡ ፡ ዘእንበለ ፡ ጻጻ
ጣን ፡ አስይፍት ፡ ወሰላጢን ፡ አብ ፡ ንዋየኒ ፡ ሶበ ፡ ቦአ ፡
ሉቱ ፡ ረዳአ ፡ ንሢአ ፡ ኪያሁ ፡ ሐረ ፡ ጎበ ፡ ሐጸጌ ፡ ወ
ጊዜ ፡ በእቱ ፡ ጎበ ፡ ሐጸጌ ፡ ወደየ ፡ በእዴሁ ፡ ዲበ ፡
ርእሱ ፡ ሐመደ ፡ ወአቀምዎ ፡ ቅድመ ፡ ሰቀላ ፡ በነፍረት ፡
ወበጎሣር ፡ ወሶቤሃ ፡ ጉብሩ ፡ ኩሎሙ ፡ ሰብአ ፡ ከተማ ፡
ጻቢይ ፡ ወንዑስ ፡ እድ ፡ ወአንስት ፡ እስመ ፡ ከመዝ ፡
(fol. 164 v°, col. 1) ልማጾሙ ፡ ይገብሩ ፡ አውያተ ፡ ፍሥ
ሓ ፡ ለመዋዒ ፡ ዝንቱስ ፡ ንጉሥ ፡ መሣሒሒዊ ፡ ኢተመክ
ሐ ፡ በዝንቱ ፡ ከመ ፡ አብዳን ፡ እለ ፡ ይትሜክሑ ፡ በጎ
ይሎሙ ፡ ወይዜዓሩ ፡ በብዝጎ ፡ ብዕሎሙ ፡ ጻእሙ ፡ ወህ
በ ፡ አኩቴተ ፡ ለፈጣሪሁ ፡ እንዘ ፡ ይብል ፡ ዝከነ ፡ በጎ
ይለ ፡ እግዚእየ ፡ ኢየሱስ ፡ ክርስቶስ ፡ ወእምዝ ፡ ይቤሎ ፡
ለረዳአ ፡ ኢትፍራህ ፡ ይኩንክ ፡ በከመ ፡ ተአመንዠ ፡ ባ
ሕቱ ፡ ኡቅ ፡ ጻግመ ፡ ኢተአብስ ፡ እምዝ ፡ ኢይርከብክ ፡
ዘየዓኪ ። ወአምጽኡ ፡ ብእሲቶ ፡ ወንዋዮ ፡ ወደቂቆ ፡ ወወ
ሀብዎ ፡ አብ ፡ ንዋይ ፡ ወንዋይስ ፡ ኢተረክበ ፡ ዘእንበለ ፡
ጻጣጥ ፡ ቀሚስ ፡ እስመ ፡ ኢኮነ ፡ አስተጋባኤ ፡ ንዋይ ፡ ጻ
እሙ ፡ መስተገብረ ፡ ምድር ፡ ወይበልዑ ፡ ጎብስቶ ፡ በሐ
ፈ ፡ ገጽ ፡ ወአሙ ፡ ዠ ፡ ለታሕሣሥ ፡ ዓርብ ፡ ዐርጉ ፡ አ
ብ ፡ ንዋይ ፡ መልእልተ ፡ አምብ ፡ ንሢአ ፡ ደበና ፡ ምስለ ፡
ታቦተ ፡ ኢየሱስ ፡ ወንዋየ ፡ ቅድሳት ፡ ዘየዓርጉ ፡ ቦቱ ፡ ቀ
ርብን ፡ ወንሥእሙ ፡ ለካህናት ፡ ይእቲ ፡ ቤተ ፡ ክርስቲያን ፡
ወለመዘምራን ፡ እለ ፡ ሥራዓን ፡ ለገብረ ፡ ምሥዋዕ ፡ ከ
መ ፡ ደቂቀ ፡ አሮን ፡ ለአዕርነ ፡ ቁርባን ፡ ወምክንያት ፡
አዕርንቱስ ፡ ቁርባነ ፡ በገዝንቱ ፡ ለቀድስ ፡ ውእቱ ፡ መክን ፡

ዘአርኩሳ ፡ ሐራውያ ፡ ሐቅል ፡ ወተርእያ ፡ እንስሳ ፡ ገዳም ፡
ወበዕለተ ፡ እኁድ ፡ ዐርገ ፡ ንጉሥ ፡ መልእልተ ፡ ውእቱ ፡
ደብር ፡ ምስለ ፡ ብዙኃን ፡ ሠራዊቱ ፡ ወቦእ ፡ ውስተ ፡ ይ
እቲ ፡ ቤተ ፡ ክርስቲያን ፡ ለአቅርቦ ፡ መሥዋዕተ ፡ አኰቴ
ት ፡ ለእግዚአብሔር ፡ በ (col. II) መካን ፡ ዘኢ.ይዴዋዕ ፡ በ
ቱ ፡ ስመ ፡ እግዝእትነ ፡ ማርያም ፡ ወረሰየ ፡ ምሥዋዓ ፡
ሥጋሁ ፡ ወደሞ ፡ ለወልደ ፡ እግዚአብሔር ፡ ዘተሰብአ ፡
እመንፈስ ፡ ቅዱስ ፡ ወእማርያም ፡ እምቅድስት ፡ ድንግል ፡
ወከልአ ፡ ምክንያት ፡ ተብህለ ፡ ለዘክረ ፡ ነገር ፡ ወከመ ፡
ያትገደፍ ፡ ዜና ፡ ለዘይመጽእ ፡ ትውልድ ፡ አበው ፡ ይዜ
ንዉ ፡ ለደቂቆሙ ፡ ወደቂቅ ፡ ለደቂቆሙ ፡ ከመ ፡ ይረስ
ዩ ፡ ትውክልቶሙ ፡ ላዕለ ፡ እግዚአብሔር ፡ ወከመ ፡ ኢ.
ይርስዑ ፡ ግብረ ፡ እግዚአብሔር ፡ ወተአምሪሁ ፡ ዘከነ ፡
በዝንቱ ፡ እምብ ፡ ወበይእቲ ፡ ዕለት ፡ ተቀነየ ፡ ዓስቤ ፡ ዕ
ጣነ ፡ ሙጌር[1] ፡ እንዘ ፡ ይዜክር ፡ መዋእተ ፡ ንጉሥ ፡ ወ
ተመውእ ፡ አይሁዳዊ ፡ እንዘ ፡ ልማዶሙ ፡ ለካህናት ፡ ኢ.
ትዮጲያ ፡ የሐልዩ ፡ በቤተ ፡ ክርስቲያን ፡ ማሕሌተ ፡ ደር
ሰን ፡ እንዘ ፡ ይዜክሩ ፡ ትሩፋተ ፡ ንጉሥ ፡ ዘዘመኑ ፡ ወ
ድናሬ ፡ ፍጻሜ ፡ ቀኖርበን ፡ ወዕእ ፡ እምቤተ ፡ ክርስቲያን ፡
ወቦእ ፡ ውስተ ፡ ድንካን ፡ ዘተከሉ ፡ ሎቱ ፡ ወገብረ ፡ ም
ሳሕ ፡ ዓቢየ ፡ ወጠብሐ ፡ ብዙኃን ፡ በለፌ ፡ አርፈቆሙ ፡ ለ
አዛጉች ፡ ወለሊቃውንት ፡ ወበለፌ ፡ አርፈቆሙ ፡ ለበላቴ
ዎች ፡ ዘውሥጥ ፡ ወአቅረበ ፡ ሎሙ ፡ ኲሎ ፡ ወኢ.ያንጥአ
ሙ ፡ እምዘፈቀዱ ፡ ወከነ ፡ ዓቢይ ፡ ፍሥሓ ፡ ወይቤሉ ፡ ከ
ህናት ፡ ዛቲ ፡ ዕለት ፡ እንተ ፡ ገብረ ፡ እግዚአብሔር ፡ ን
ትፈሣሕ ፡ ወንትሐሠይ ፡ ባቲ ፡ ወጊዜ ፡ ሃ ፡ ሰዓት ፡ ወረ
ዱ ፡ እምደብር፡ ወሰቤሃ ፡ እለ ፡ ተርፉ ፡ ሠራዊት ፡ ተ
ቀበልዎ ፡ በነፍጥ ፡ ወመድፍዕ ፡ ከመ ፡ ሕገ ፡ አፍርንጅ ፡
ወትርዙ ፡ ወቤቱ ፡ ይእተ ፡ ዕለተ ፡ በብዙኃ ፡ ትፍሥሕት ፡
ወፈጸሙ ፡ ፪ ፡ ሱባዔ ፡ በውእቱ ፡ ስፍራ ፡ ወእንዘ ፡ ሀ

[1]. ለ ሞገር ፡

ለወ ፡ በውእቱ ፡ ስፍራ ፡ ተበሃሉ ፡ ሰብእ ፡ ከተማ ፡ ናሁ ፡
ያምሥጥ ፡ እምኔነ ፡ (fol. 165 r°, col. 1) ረዓኢ ፡ ወየሐዉ
ር ፡ ኀበ ፡ ሕዝቡ ፡ ይኔይስ ፡ ሙቃሔ ፡ ወወኢአነ ፡ እም
ሰሜን ፡ ወበኒሐነ ፡ ጉበኤ ፡ ንፈትሐ ፡ ወእምገ ፡ ሞቅሕ
ዎ ፡ በሰናስለ ፡ ሐዲን ፡ ወዝንቱ ፡ ሙቃሔ ፡ ይመስል ፡ ዘ
አከ ፡ ለአንሥሞ ፡ አላ ፡ ከመ ፡ ኢይሁክ ፡ ሀገረ ፡ ወኢ
ይኩን ፡ ዓላዌ ፡ ንጉሥ ፡ ከመ ፡ ልግዱ ፡ ወእምገ ፡ ናየ
ድዕ ፡ ፍጻሜ ፡ ግብሮሙ ፡ ለእሉ ፡ አእባን ፡ ዘዘክርናሆሙ ፡
በዕለት ፡ ዐርቱ ፡ ኀበ ፡ አምባ ፡ አመርግህሙ ፡ ወጀ ፡ እ
ምኄሆሙ ፡ ዘየንቢ ፡ ሰብ ፡ አንኩርኩርዎ ፡ ወረደ ፡ እስ
ከ ፡ መትሕት ፡ እንዘ ፡ ይቀጠቅጥ ፡ ኵሉ ፡ ዘረከበ ፡ ቅድ
ሜሁ ፡ ወሰብ ፡ አዕረፈ ፡ ቦአ ፡ አዕሚቆ ፡ ምድረ ፡ መጠ
ነ ፡ ፪ ፡ በአመት ፡ እምብገዝን ፡ ከቦዱ ፡ እስኩ ፡ ሐልየ
ዎ ፡ ሰበሰ ፡ ረከበ ፡ ሰብእ ፡ ጎድጉሰ ፡ ሥጋሁ ፡ አዕዕም
ቲሁ ፡ እምኢተረክቡ ፡ አኮቴት ፡ ለእግዚእነ ፡ ኢየሱስ ፡
ክርስቶስ ፡ ዘየንቅቦሙ ፡ ለክርስቲያን ፡ ዘኢያሕጕለ ፡ ሰብ
እ ፡ በእሉ ፡ አዕባን ፡ ወእምገ ፡ ንጽሕፍ ፡ ሀብተ ፡ መ
ዊዕ ፡ ዘገብረ ፡ እግዚአብሔር ፡ ለዝንቱ ፡ ንጉሥ ፡ አከ ፡
በብዙን ፡ ዓመታት ፡ ወመዋዕል ፡ አላ ፡ በጀ ፡ ዕለት ፡ እ
ምግርማ ፡ መዓቱ ፡ ዘእንበለ ፡ ዐብዕ ፡ በከመ ፡ ተብሀለ ፡
በእንተ ፡ እግዚአብሔር ፡ ዘይአዕራ ፡ ለምድር ፡ ወይሬስያ ፡
ከመ ፡ ትርዓድ ፡ ወትጢስ ፡ ሞገሰ ፡ ዝንቱ ፡ አምላክ ፡ ዘ
ኃደረ ፡ ላእለ ፡ ዝንቱ ፡ ንጉሥ ፡ መፍቀሬ ፡ እግዚአብሔ
ር ፡ ረሰየሙ ፡ ርዑዳነ ፡ ወድንጉፄነ ፡ ለረዓኢ ፡ ወለእሊ
አሁ ፡ እስከ ፡ ኃደጉ ፡ ዘተጸወኑ ፡ ቦቱ ፡ አምባ ፡ ወተድ
ህሉ ፡ በብዙን ፡ ፍናዋት ፡ ቅድመ ፡ መዊአቱ ፡ ኃያሳነ ፡
ዘተንሥኡ ፡ በበዘመኖሙ ፡ ሕዉፀ ፡ ወንዑሰ ፡ ከዊና ፡ ያ
ስተርኢ ፡ እስባስያኖስ ፡ ወጢጦስ ፡ ወልዱ ፡ ዐገትዋ ፡ ለ
ኢየሩሳሌም ፡ በአፍአ ፡ ቅዕራ ፡ ተዓየኑ ፡ ፫ ፡ ዓመተ ፡ እ
ንዘ ፡ የዓውድዋ ፡ እምዙሉ ፡ ገቦ ፡ ወበፍጻሜ ፡ ፫ ፡ ዓም ፡
ተበውሑ ፡ ለአውዕዮት ፡ ቅዱስ ፡ (col. II) እምድንገረ ፡ እ
ንሐሉ ፡ ፫ ፡ ቅዕራት ፡ እምሕዝብ ፡ አይሁድሂ ፡ በዘቀተሉ ፡

ኃያላኒሆሙ ፡ ወበ ፡ ዘማንረኩ ፡ መብዝነቶሙ ፡ ወእምአ
ሜሃ ፡ እስከ ፡ ይእዜ ፡ ጠፍአ ፡ ዝክሮሙ ፡ እለኒ ፡ አም
ሰጡ ፡ እምቀትል ፡ ወጼዋዌ ፡ ተዘርዉ ፡ ውስተ ፡ ኩ
ሉ ፡ በሐውርት ፡ ግንቱ ፡ ኩሉ ፡ መዊአተ ፡ ሮማውያን ፡
ከአ ፡ ቦኑ ፡ ዓመታት ፡ ማርቆስ ፡ ቤገምድር ፡ አዝማኝ ፡
በዘመኑ ፡ ስሙዓ ፡ ዜና ፡ ወጽኑዓ ፡ ምልክና ፡ በዘመነ ፡ ሐ
ጼ ፡ በእደ ፡ ማርያም ፡ ወሰበ ፡ ሀለዉ ፡ እሉ ፡ ፈላሻ ፡ ዘ
ንጽሕፍ ፡ ዜናሆሙ ፡ ፀብአሙ ፡ ግንቱ ፡ ማርቆስ ፡ ዘዘክ
ርናሁ ፡ ወተዓየነ ፡ በእግረ ፡ አምበሆሙ ፡ ፫ ፡ ዓመተ ፡ ወ
እምገ ፡ ዎአሙ ፡ በብዙኅ ፡ ጎጣን ፡ ወትምይንት ፡ ወአ
ግብአሙ ፡ ውስተ ፡ እዴሁ ፡ ወመለከ ፡ ኩሎ ፡ አህጉራቲ
ሆሙ ፡ ወእምገ ፡ መጽአ ፡ ሕሊና ፡ ዘይብል ፡ እፎ ፡ አ
አምኖሙ ፡ ለእሉ ፡ ርጉማን ፡ እለ ፡ ዘልፈ ፡ ያምዕም ፡ ለ
መንፈስ ፡ ቅዱስ ፡ በእከየ ፡ ምግባሮሙ ፡ ወእምሕይወተ ፡
እሉ ፡ ይኔዶስ ፡ ተጋጉሎቶሙ ፡ ወዘንተ ፡ ብሂሎ ፡ አዘ
ዘ ፡ ይውድ ፡ አዋዲ ፡ ወይጽራን ፡ እንዘ ፡ ይብል ፡ ኩሎ ፡
ፈላሻ ፡ ይብጻሕ ፡ ኃበ ፡ አዘዘኩክ ፡ ወዘአ ፡ በዕሀ ፡ ይትበ
ርበር ፡ ቤቱ ፡ ወይትነየድ ፡ ንዋዮ ፡ ወእምገ ፡ ተጋብአ ፡
ኩሉ ፡ ፈላሻ ፡ ኃበ ፡ ዓውዴ ፡ ምኩናኑ ፡ ለማርቆስ ፡ ወ
ኮነ ፡ ዓቢይ ፡ ጉብኤ ፡ ወእምገ ፡ አዘዘ ፡ ወዓልቱ ፡ ከመ ፡
ይምትሩ ፡ ክሣውዲሆሙ ፡ በሰይፍ ፡ ወፈጸሞሙ ፡ እስከ ፡
ይውኅገ ፡ ዴሞሙ ፡ ወመልአ ፡ አብድንቲሆሙ ፡ በገዳም ፡
ወተፈጸመ ፡ አሜሃ ፡ ቃለ ፡ ትዕይርት ፡ ዘነበቡ ፡ አበዊሆ
ሙ ፡ በዕለተ ፡ ስቅለቱ ፡ ለእግዚእነ ፡ እንዘ ፡ ይብሉ ፡ ይ
ሙ ፡ ለእሴነ ፡ ወለእለ ፡ ወሉድነ ፡ ግንቱ ፡ ኮነ ፡ በገን
ዷይ ፡ ዓመታት ፡ እስድሙር ፡ መልአክ ፡ (fol. 165 v°, col. 1)
ኃይሉ ፡ ለዕብን ፡ እትማን ፡ ተዓየነ ፡ ምስለ ፡ ሠረዊቱ ፡
ኃበ ፡ ፩ ፡ አምበ ፡ ዘሀሉ ፡ በምድረ ፡ ዘቢደ ፡ ወሰብአ ፡
ውእቱ ፡ አምበ ፡ ኮኑ ፡ ዓለውዎ ፡ ለእብን ፡ እትማን ፡ ዘ
ውእቱ ፡ መዋዕል ፡ በእንተዝ ፡ መጽአ ፡ ኃቤሆሙ ፡ ወገብ
ረ ፡ ከተማ ፡ ቅሩብ ፡ አምበሆሙ ፡ ወነበረ ፡ ፩ ፡ ዓመት ፡
እንዘ ፡ ይትቃተል ፡ ምስሴሆሙ ፡ ወበፍጻሜ ፡ እሉ ፡ ዕለ

ታት ፡ ወዓመታት ፡ ሞአሙ ፡ ወቀነዮሙ ፡ ወሠርዓ ፡ ላእ
ሌሆሙ ፡ ወባሕተ ፡ ዝንቱ ፡ መዊዕ ፡ በዘመጠነዝ ፡ ኑኅ ፡ ዓ
መታት ፡ ወአንከረ ፡ ኩሉ ፡ ዘርእየ ፡ ወሰምዓ ፡ ንሕነኒ ፡
ንትቀሐው ፡ ወንቤ ፡ መንክርስ ፡ መዊያተ ፡ ዝንቱ ፡ ንጉ
ሥ ፡ መልክ ፡ ሰገድ ፡ ዘኢጐንደየ ፡ ፲ ፡ ዓሙት ፡ ከመ ፡
ጢጦስ ፡ ወኢጹ ፡ ዓመት ፡ ከመ ፡ ማርቅስ ፡ ወኢጀ ፡ ዓ
መተ ፡ ከመ ፡ እስድሙር ፡ አላ ፡ በአሐቲ ፡ ዕለት ፡ እንዘ ፡
ትረድእ ፡ እድ ፡ ጽንዕት ፡ ወመግራዕት ፡ ልዕልት ፡ ዘሰረ
ወቆሙ ፡ በአሐቲ ፡ ሌሊት ፡ ለሰራዊተ ፡ ሰናክሬም ፡ እት
ሐተት ፡ ታሕተ ፡ እገሪሁ ፡ አድባረ ፡ ልውላን ፡ ዘኑኞሙ ፡
ይጐድዕ ፡ ሰማየ ፡ በከመ ፡ ተብህለ ፡ በእንተ ፡ ነገሥተ ፡
ከነዓን ፡ አረፍተ ፡ ቅዕሮሙ ፡ ይበጽሕ ፡ እስከ ፡ ሰማይ ፡
ዝንቱ ፡ ቃለ ፡ ዘተብህለ ፡ በእንተ ፡ ኑኃተ ፡ ልዕልናሁ ፡
ንሕነኒ ፡ ንቤ ፡ በእንተዝ ፡ አምሳለ ፡ ዝንቱ ፡ አምበ ፡ ይ
መስል ፡ ዘይጐድዕ ፡ ደመናተ ፡ ወአሙ ፡ ጾወዩ ፡ ለወር
ኅ ፡ ታሕሣሥ ፡ [ተን]ሥአ ፡ ዝንቱ ፡ ንጉሥ ፡ መዊዓ ፡ እም
ከተማሁ ፡ ዘገዐነ ፡ ደብር ፡ ወወዕአ ፡ ኀበ ፡ ከተማሁ ፡ ዘ
መልዕልት ፡ ኀበ ፡ ሀለወ ፡ ። (col. II) ንገ ፡ ወበይእቲ ፡ ዕ
ለት ፡ ገብረ ፡ ዓቢየ ፡ ፍሥሓ ፡ ምስለ ፡ አበዊሁ ፡ ወአኃ
ቲሁ ፡ ወእሲአሁ ፡ ትፍሥሕተ ፡ ዘኢሁዕ ፡ ከነ ፡ በአእኩ
ቶ ፡ እግዚአብሔር ፡ ዘእርእየ ፡ መንክረ ፡ በእደዊሁ ፡ ወ
አመጸወ ፡ ለወርኅ ፡ በዓለ ፡ ልደቱ ፡ ለእግዚእነ ፡ ኢየሱ
ስ ፡ ክርስቶስ ፡ ገብረ ፡ ዓቢየ ፡ ፍሥሓ ፡ ወመምሴተ ፡ ይ
እቲ ፡ ዕለት ፡ ለብሰ ፡ ወራዕ ፡ ዘደለብስዎ ፡ ስዮማን ፡ ወ
ተቀጸለ ፡ አክሊለ ፡ ክህናት ፡ ዘይትቄጸሉ ፡ ጊዜ ፡ ይሰየ
ሙ ፡ ወሰቤሃ ፡ ይቤ ፡ ተሰየምን ፡ ሣይመተ ፡ ንቡረ ፡ እድ ፡
ዘገበዘ ፡ አክሱም ፡ በእንተ ፡ ታቦተ ፡ አምላከ ፡ ጽኤል ፡
ኦኬ ፡ ገበዘ ፡ አክሱም ፡ ናህኬ ፡ በጻሕኪ ፡ ኀበ ፡ ዘየዓ
ቢ ፡ መዓርግ ፡ ቀዳሚ ፡ ከነ ፡ ይሰየምዋ ፡ ትሕታን ፡ ሰብ
እ ፡ ለግንቱ ፡ ሣይመትኪ ፡ ወእምዝ ፡ ተወሀደ ፡ ምስለ ፡
መንግሥት ፡ ወእምዝ ፡ አክሊሉ ፡ አክሊለ ፡ መንግሥት ፡
በውእቱ ፡ ጊዜ ፡ ሐረ ፡ ኀበ ፡ ግምጃ ፡ ቤት ፡ ታቦተ ፡ እ

ግብአትነ ፡ ማርያም ፡ ወነበ ፡ ቤተ ፡ ክርስቲያን ፡ ዘእግዚ.
እነ ፡ ኢየሱስ ፡ ክርስቶስ ፡ ወአወፈየ ፡ ሎሙ ፡ አምነ ፡
ሰጊድ ፡ በከመ ፡ ይገብሩ ፡ ስዮማን ፡ ዓለም ፡ ቅድመ ፡ ነ
ጻ ፡ ንጉሥ ፡ ወይቤሎ ፡ ለአስቤ ፡ ንሣእ ፡ ዘንተ ፡ ሢመ
ተ ፡ ነብርድ ፡ ህየንቱነ ፡ ገበዘ ፡ አክሱም ፡ ናሁ ፡ ተለዓለ ፡
አምሥዮማነ ፡ አክሱም ፡ እለ ፡ ቀደሙ ፡ እስከ ፡ ክነ ፡ ህ
የንተ ፡ ንጉሥ ፡ በከመ ፡ ተለዓለ ፡ ሢመተ ፡ አክሱም ፡
ወዐርገ ፡ ኀበ ፡ መዓርገ ፡ መንግሥት ፡ ወአልቦ ፡ ዘተህበለ ፡
ተቃውሞቶ ፡ በዝንቱ ፡ ሢመተ ፡ ክሀነት ፡ በከመ ፡ ተቀ
ሐዋ ፡ ህቅኖስ ፡ ለአስተሮብሎስ ፡ ሰብ ፡ አስተወሐደ ፡ ለ
ርእሱ ፡ ሢመተ ፡ መንግሥት ፡ ወክሀነት ፡ እላ ፡ ይቤሉ ፡
ኩሎሙ ፡ ክህናት ፡ በጀ ፡ ቃል ፡ ይደልዎ ፡ ፫ ፡ ግዝቱ ፡
ኩሉ ፡ ክነ ፡ ኀበ ፡ መከን ፡ ዘሰፈረ ፡ ቦቱ ፡ ተንሣእ ፡ እ
ምቀዳግይ ፡ ስፍራ ፡ በምሕዋረ ፡ (fol. 106 r°, col. 1) ጾ ፡
ዕለት ፡ በውእቱ ፡ ስፍራ ፡ ወገብረ ፡ በዓለ ፡ ጥምቀት ፡ ወ
በህየ ፡ ፈጸመ ፡ ጾ ፡ ሱባኤ ፡ ኢንናድግ ፡ ጽሐፈ ፡ ዜና ፡
ሕሰሙ ፡ ለምድረ ፡ ሰሜን ፡ ኩሉ ፡ ፍናዋቲሁ ፡ ገጸጉዕ ፡
ወኢከነ ፡ ርቱን ፡ ወመብዝኀቱ ፡ ዐድፍ ፡ ወኢየሐወርዋ ፡
አፍራስ ፡ ወአብቅልት ፡ ወአዕዱግ ፡ እንበለ ፡ በበጀ ፡ ው
እቱኂ ፡ እምዕዉብ ፡ ግብር ፡ ክልአ ፡ ኀሰሙ ፡ በቀኀር ፡ ጽ
ኑዕ ፡ ዘየዓዱ ፡ እምዓቅም ፡ እስከ ፡ ኢይክል ፡ እንግዳ ፡
ነቢረ ፡ ኀቤሁ ፡ እምብገዙነ ፡ ቀኀረቱ ፡ እንበለ ፡ ሰብአ ፡ ህ
ገሩ ፡ እለ ፡ ለመድዎ ፡ ሣልስ ፡ ኀሰሙ ፡ በረድ ፡ ይዘንም ፡
እምላእሉ ፡ ወታሕቱ ፡ ኩሎ ፡ ጊዜ ፡ በውእቱ ፡ ጊዜ ፡
ወብሐር ፡ ወይፈልሕ ፡ እምታሕቱ ፡ ወአሕተ ፡ ዕለተ ፡ ሰ
ፈርነ ፡ ከመ ፡ ንረድ ፡ ኀበ ፡ አምባሁ ፡ ለከሌፍ ፡ ዘን
መ ፡ በረድ ፡ ይእተ ፡ ዕለተ ፡ ኩለንታሃ ፡ ወሰብ ፡ ክነ ፡
ጸባሕ ፡ ርኢናሃ ፡ ለምድር ፡ ዘሀሎነ ፡ ባቲ ፡ እንዘ ፡ ም
ሉእ ፡ በረድ ፡ ኩለንታሃ ፡ ሰብአ ፡ ከተማ ፡ ኂ ፡ ሰብ ፡ ተ
ረክበ ፡ በረድ ፡ ስእኑ ፡ ኀንሰስዎ ፡ ለፌ ፡ ወለፌ ፡ ኢይ
ከይዱ ፡ መሬተ ፡ ወእስከ ፡ ተበሃሉ ፡ ማእምራን ፡ ትመስ
ል ፡ ዛቲ ፡ ሀገር ፡ አሀጉረ ፡ ግብጽ ፡ ዘተብህለ ፡ በእንቲ

አሆሙ ፡ ረሰየ ፡ ዝናሞሙ ፡ በረደ ፡ በሕቱ ፡ የአኪ ፡ ር
ደተ ፡ በረድ ፡ ዘዛቲ ፡ ሀገር ፡ እምእሎን ፡ አህጉራት ፡ እ
ስመ ፡ በዛቲ ፡ ሀገር ፡ ኮነ ፡ በረድ ፡ ዝናሞሙ ፡ በእሎን
ሰ ፡ አህጉር ፡ ኢጸንዓት ፡ ርደተ ፡ በረድ ፡ ንንበለ ፡ ጀ ፡
ጊዜ ፡ ግኒ ፡ በእንተ ፡ መቅሠፍተ ፡ ፈርዖን ፡ ናሁ ፡ በገ
የ ፡ ንጽሕፍ ፡ ዜና ፡ ትምክሕቱ ፡ ለረዳኢ ፡ ዘወድቀ ፡ ከ
መ ፡ ሰናክሬም ፡ በትምክህቱ ፡ ወንሥረ ፡ ከመ ፡ ዲያብ
ሎስ ፡ በትዕቢቱ ፡ ለአድብራት ፡ አህጉሪሁ ፡ ሰመዮሙ ፡
በአስማት ፡ አድብረሆሙ ፡ ለጇኤል ፡ ለአሐቲ ፡ ሰመያ ፡ ደ
ብረ ፡ ሲና ፡ ወለካልእታ ፡ ሰመ (col. II) ያ ፡ ደብረ ፡ ታ
ቦር ፡ ወበ ፡ ካልአን ፡ ዘኢጸዋዕን ፡ አስማቲሆሙ ፡ ሚየአ
ኪ ፡ ትዕቢተ ፡ ግንቱ ፡ አይሁዳዊ ፡ ዘአስተማሰሎን ፡ ለአ
ድብሪሁ ፡ በአስማት ፡ አድብረ ፡ ጇኤል ፡ ዘወረደ ፡ እግዚአ
ብሔር ፡ ላዕሌሆሙ ፡ ወከሠተ ፡ ሎሙ ፡ ምሥጢረ ፡ መን
ግሥቱ ፡ ግንቱስ ፡ ንጉሥ ፡ ተንሥአ ፡ ወአንጸረ ፡ ገጸ ፡
መንገለ ፡ አቀጣ ፡ ንስቲተ ፡ ኋሊፈ ፡ ገብረ ፡ ስፍራ ፡ እ
መ ፡ ጀወጀ ፡ ለጥር ፡ በሀየ ፡ ፈጸመ ፡ ጀ ፡ ሱባኤ ፡ ወመ
ንፈቀ ፡ ሱባኤ ፡ ወተንሥአ ፡ እመ ፡ ሀ ፡ ለወእቱ ፡ ወር
ጎ ፡ ወረደ ፡ መንገለ ፡ ቍልቍል ፡ በፍኖት ፡ ዐባብ ፡ ወ
መቅዓን ፡ በይእቲ ፡ ዕለት ፡ ተኃጉሉ ፡ ብዙኃን ፡ መጸዓ
ኛ ፡ ዘከመ ፡ አዕዱግ ፡ ወከናፍ ፡ ወወሪዶሙ ፡ ታሕተ ፡ ገ
ብሩ ፡ ስፍረ ፡ ወበሳኒታ ፡ እመ ፡ ጀ ፡ ለየከቲት ፡ አኃዝን ፡
ፍኖተ ፡ ዓቀብ ፡ ዘመሸኽ ፡ በይእቲ ፡ ዕለት ፡ ኮነ ፡ ጸእ
ቅ ፡ ዓቢይ ፡ ዘየአኪ ፡ እምትማልም ፡ ወሶበ ፡ ተራከቡ ፡
ሰብእ ፡ ወእንስሳ ፡ ረከቡ ፡ ድኩማን ፡ ምንዳቤ ፡ ወዓዕር ፡
እስከ ፡ ኮነ ፡ ከመ ፡ ዘውስተ ፡ ማሕምም ፡ እንተ ፡ አልዐ
ቀት ፡ ለወሊድ ፡ ወእምገ ፡ ወዒአሙ ፡ ዓቀብ ፡ ገብሩ ፡
ስፍረ ፡ አባ ፡ ንዋይሰ ፡ ወዕአ ፡ እምድኅረ ፡ ኩሉ ፡ እን
ዘ ፡ ይሰውቦሙ ፡ ለእለ ፡ ተንተኑ ፡ ወያንሥአሙ ፡ ለእለ ፡
ወድቁ ፡ ወበሳኒታሁ ፡ በዕለተ ፡ ሠሉስ ፡ ወዓልን ፡ በሀየ ፡
ወበዕለተ ፡ ረቡዕ ፡ ተንሣእን ፡ ወሰፈርነ ፡ በመክን ፡ ርኂ
ብ ፡ በሀየ ፡ ወዓልን ፡ ቀበላ ፡ ጸም ፡ ወአዕናዕን ፡ መከነ ፡

በሆየ ፡ (fol. 166 v°, col. 1) እስከ ፡ ረቡዕ ፡ ሰንበተ ፡ ጸም ፡
ወእንዘ ፡ ሀሎ ፡ ሀየ ፡ ለአከ ፡ ኀበ ፡ ኵሎሙ ፡ አህጉራ
ት ፡ እንዘ ፡ ያስተጸንአሙ ፡ ለሰብአ ፡ ሀገር ፡ እለ ፡ አም
ሠጡ ፡ እምቀትል ፡ ወኀበ ፡ ኵሎሙ ፡ እለ ፡ ሀለዉ ፡ ተ
ኀቢአሙ ፡ ውስተ ፡ አድብር ፡ ወበአፍት ፡ ወአንገረ ፡ ሎ
ሙ ፡ አዋጅ ፡ እንዘ ፡ ይብል ፡ ኢትፍሩ ፡ ወንብሩ ፡ በ
በብሐርክሙ ፡ ዳእሙ ፡ ተአዘዙ ፡ ለዘሴምን ፡ ላእሌክሙ ፡
ወእምገ ፡ ተንሣእነ ፡ ወአመ ፡ ፯ ፡ ለመጋቢት ፡ አሰንበት
ነ ፡ በሸዋዳ ፡ ወእምሸዋዳ ፡ ተንሥአን ፡ እመ ፡ ፲ወ፮ ፡ ለ
ወርኅ ፡ መጋቢት ፡ ወወፂአን ፡ ዓቀብ ፡ ገበርነ ፡ ስፍራ ፡ ኀ
በ ፡ ሰፈርነ ፡ ቀዳሚ ፡ ወእምሆየ ፡ በዟ ፡ ሰዓት ፡ ምሕዋ
ረ ፡ ፱ ፡ ዕለት ፡ በጻሕነ ፡ ከሰኔ ፡ ወአሰንበትነ ፡ በሆየ ፡
ወበዕለተ ፡ ሰኑይ ፡ ወዓለ ፡ እንዘ ፡ ያስተፋንዎሙ ፡ ለትግ
ሬ ፡ መኰንን ፡ ሹም ፡ ተክለ ፡ ጊዮርጊስ ፡ ወለባሕር ፡ ነ
ጋሽ ፡ ስብሐት ፡ ለአብ ፡ ለሹም ፡ ሲሬ ፡ ተክለ ፡ ሥሉስ ፡
ወለኵሎሙ ፡ ሰየምተ ፡ ትግሬ ፡ ወአመ ፡ ፳ወ፯ ፡ ስየማነ ፡
ትግሬ ፡ ሐሩ ፡ ለለሲመቶሙ ፡ ንጉሥኒ ፡ በአ ፡ ኀበ ፡ ከ
ተማሁ ፡ ጉብኤ ፡ በሳድስ ፡ ሰንበተ ፡ ጸም ፡ ወአመ ፡ ፳
ወ፯ ፡ ለመጋቢት ፡ በዕለተ ፡ ሰኑይ ፡ አስተፋነዎሙ ፡ ለደ
ኀረንት ፡ ወለወጅቃጽ ፡ ወለገዑጃም ፡ ነጋሽ ፡ ቆዝሞስ ፡ ወ
ሂበ ፡ ሸልጋተ ፡ ወቡራኬ ፡ ዘይኔይስ ፡ እምሸልጋት ፡ ወ
ሲመት ፡ በእንተ ፡ ዘአጥብዉ ፡ ነፍሶሙ ፡ ወኢመሐኩ ፡
ርእሶሙ ፡ እንዘ ፡ ይ. (col. II) ዓብኡ ፡ ምስለ ፡ አጽራሪሁ ፡
ወጊዜ ፡ በአቲስ ፡ ኀበ ፡ ጉባኤ ፡ እምዘመፃ ፡ ኢገብረ ፡
ፍሥሓ ፡ ከመ ፡ ልማ[ድ] ፡ እስመ ፡ መዋዕለ ፡ ጸም ፡ ውእቱ ፡
ወመምህራነ ፡ ቤተ ፡ ክርስቲያን ፡ ዘሰመያም ፡ መዋዕለ ፡
ሐዘን ፡ ወበሕቱ ፡ ገብረ ፡ ፍሥሓ ፡ እምድኅረ ፡ ኀልፈተ ፡
ጸም ፡ በወርኅ ፡ ፋሲክ ፡ እስከ ፡ ተበሀሉ ፡ ማእምራን ፡
ይኔይሥ ፡ ምክዕቢተ ፡ እምፋሲክ ፡ ኢዮስያስ ፡ ፋሲካሁ ፡
ለንጉሥ ፡ በገየ ፡ ረሰይን ፡ ማኀተመ ፡ ግንቱ ፡ መጽሐ
ፍ ፡ እንዘ ፡ ንብል ፡ አኰቴት ፡ ለእግዚአብሐር ፡ ዘወሀ
በ ፡ መዋአ ፡ ለንጉሥን ፡ መለክ ፡ ሰገድ ፡ ወላእሴነ ፡ ይ

ኩን ፡ ሣህሉ ፡ ወምሕረት ፡ ለአለም ፡ ዓለም ፡ አሜን ፡
ወአሜን ፡ ተፈጸመ ፡ ዜና ፡ አይሁድ ፡ በ፻፲፭ ፡ ዓመት ፡
እምዓመተ ፡ ዓለም ፡ በ፯፻፲፱ ፡ ዓመት ፡ እምዓመ
ተ ፡ እስከንድር ፡ ዘ፪ ፡ አቅርንቲሁ ፡ በ፲፱ ፡ ዓመት ፡
እምትስጉተ ፡ እግዚእን ፡ ኢየሱስ ፡ ክርስቶስ ፡ ሎቱ ፡ ስ
ብሐት ፡ በ፲፱ ፡ ዓመት ፡ እምዓመተ ፡ ሰማዕታት ፡ በ
፲ ፡ ዓመት ፡ መንግሥቱ ፡ ለንጉሥ ፡ መለክ ፡ ሰገድ ፡
ኃያል ፡ ወመዋኢ ፡ በውስተ ፡ ዕብዕ ፡ እግዚአብሔር ፡ ያ
ጽንዕ ፡ መንበሮ ፡ ከመ ፡ ጽንዓ ፡ ሰማይ ፡ ወያንን ፡ መዋ
ዕሊሁ ፡ ከመ ፡ መዋዕለ ፡ ፪ ፡ ዕፀወት ፡ አሜን ፡ ወአሜን ፡

ይቤ ፡ በዓለ ፡ ዝንቱ ፡ መጽሐፍ ፡ አአኅውየ ፡ ማእም
ራን ፡ አንባብያኒሁ ፡ ወሰማዕያኒሁ ፡ ለዝንቱ ፡ መጽሐፍ ፡
እመ ፡ ረከብክሙ ፡ ብየ ፡ ስሕተተ ፡ በነዲግ ፡ ዜና ፡ እ
መንገለ ፡ ዝንጋኤ ፡ ወእእምሮ ፡ ኅድጉ ፡ አበሳየ ፡ ተዘኪ
ረክሙ ፡ ከመ ፡ ሕውፅ ፡ አእምሮቱ ፡ ለእንለእመሕያው ፡
ወአክ ፡ ምሉእ ፡ ወስከስ ፡ ኢወሰኩ ፡ በእንተ ፡ ስብሐት ፡
ጽሩዕ ፡ እላ ፡ ጸሐፍኩ ፡ ዘሰ (fol. 167 r°, col. 1) ማዕኩ ፡
ወዘርኢኩ ፡ በእንተዝ ፡ በሉ ፡ መሀር ፡ ወተሠሃሉ ፡ እግ
ዚአብሔር ፡ እግዚአብሔር ።

ባርክ ፡ ለነ ፡ እግዚእነ ፡ ኢየሱስ ፡ ክርስቶስ ፡ ዘንተ ፡
ወጥነት ፡ መጽሐፍ ፡ ዘይከሥት ፡ ዜና ፡ ትሩፋቲሁ ፡ ለን
ጉሥ ፡ መዋኢ ፡ መለክ ፡ ሰገድ ፡ በዐጋ ፡ ለቤተ ፡ ክር
ስቲያን ፡ ዘተሰመየ ፡ ባርክ ፡ ዘንቤ ፡ አክ ፡ ከዊኖ ፡ ጥን
ተ ፡ ዝንቱ ፡ መጽሐፍ ፡ እላ ፡ ደኃራዊ ፡ ዘተርፈ ፡ እ
ምፅ ፡ አንቀጸ ፡ መጽሐፍ ፡ በከመ ፡ ገብረ ፡ ለነ ፡ ይረሲ
ዮ ፡ ለልሳንን ፡ ወላዲ ፡ ቃላት ፡ ሠናያት ፡ ወይጸሕ ፡ ለነ ፡
ፍኖተ ፡ ኃይለ ፡ ቃል ፡ ከመ ፡ ንጽሕፍ ፡ ዜናሁ ፡ ለበዓ
ለ ፡ መንክራት ፡ ንጉሥ ፡ ወይቅላዕ ፡ መንጠላዕተ ፡ ዝን
ጋኤ ፡ ወዕበድ ፡ ወይምጻእ ፡ ጸራቅሊጦስ ፡ ዘክሡዱ ፡ ለሕ
ፃናት ፡ ወሰወሮ ፡ ለጠቢባን ፡ አሜን ፡

<u>ታስዕ ፡ አንቀጽ</u> ፡ ዝንቱ ፡ አንቀጽ ፡ ይትሌዓል ፡ ወይከ
ብር ፡ እምኍልቌ ፡ አንቀጽ ፡ እለ ፡ ቀደሙ ፡ ተጽሕፈተ ፡

ለፍቅደ ፡ ወ ፡ ሊቃነ ፡ መላእክት ፡ ወበአምሳለ ፡ ዝኄ ፡
ወሀብ ፡ ብዕነ ፡ ወፈጸመ ፡ ወኢያገበ0 ፡ በእንተዝ ፡ ይደ
ልዎ ፡ ክብር ፡ ወልዕልና ፡ ለዝጉልቅ ፡ ወቅድመዝ ፡ ወ ፡
ነገደ ፡ ዘ.ወምሙ ፡ ስልምና0ር ፡ ወአ0ደዎሙ ፡ በሐረ ፡
ወአንበሮሙ ፡ ውስተ ፡ ምድር ፡ ርውይት ፡ ዘትሰመይ ፡ በ
ሐረ ፡ ሕያዋን ፡ ወይመርህ ፡ ስማ ፡ ምግብረ ፡ እሉ ፡ ኤ
ራን ፡ በእንተዝ ፡ ተኈለቁት ፡ ወተወደሰት ፡ ጉልቅ ፡ ታ
ስe ፡ እምጀወዩ ፡ ዓመተ ፡ መንግሥቱ ፡ ለንጉሥ ፡ መለክ ፡
ሰገድ ፡ ወልደ ፡ ንጉሥ ፡ አድማስ ፡ ሰገድ ፡ ዘርቱ0 ፡ በ
ሃይማኖቱ ፡ ወውዱስ ፡ በኒሩ (col. II) ት ፡ አ*ዜሃ ፡ ከነ ፡
ምክራም ፡ በጉብኤ ፡ ወእንዝ ፡ ሀሉ ፡ ሀየ ፡ መጽአ ፡ ዜና ፡
ዘይብል ፡ ፈላሽ ፡ ወረረ ፡ ምድረ ፡ ወገራ ፡ ወአውዓየ ፡
በእሳት ፡ አብያተ ፡ በቡኃን ፡ ወማዕረክ ፡ እደ ፡ ወአንስተ ፡
እለዪ ፡ ሞቱ ፡ ወእለዪ ፡ ተጼወዉ ፡ ዓዳጣን ፡ እስመ ፡ ከ
ነ ፡ ወሪዶሙ ፡ በፍርሃተ ፡ ንጉሥ ፡ ከመ ፡ ሰራቂ ፡ ወስ
ሚያ ፡ ንጉሥ ፡ ነደ ፡ ከመ ፡ እሳት ፡ እስመ ፡ ተሀበለ ፡
ጽንጽንያ ፡ ከልብ ፡ ወተሀብሎቱ ፡ ይመስል ፡ ተሀብሎቱ ፡
ለእም ፡ ላእለ ፡ አንበሳ ፡ ዘይሰብር ፡ ወተሀብሎ ፡ በግe ፡
ላእለ ፡ ተዙለ ፡ ዘይመስጠ ፡ ሰበሰ ፡ ቦቱ ፡ ልቡና ፡ እም
ተገሠጸ ፡ በሥራዌ ፡ ሕዝቡ ፡ ኃያላን ፡ እለ ፡ አስመዩ ፡
ስመ ፡ ወጽሐፉ ፡ ዜና ፡ ኃይሎሙ ፡ ወበፍጻሜ ፡ ዜና ፡
ሥራዌሆሙ ፡ ወበሕቱ ፡ ወደየ ፡ እግዚአብሐር ፡ ግን.ጋኤ ፡
ውስተ ፡ ልቡ ፡ ለዝንቱ ፡ አይሁዳዊ ፡ ከመ ፡ ይርሳእ ፡
ተኈጉሎቱ ፡ ሕዝቡ ፡ ቀዳሚ ፡ እስከ ፡ ገብረ ፡ መራደ ፡ ላ
እለ ፡ ክርስቲያን ፡ ወማዕረኩ ፡ ሰብአ ፡ ወእንስሳ ፡ ከመ ፡
ይኩን ፡ ምክንያት ፡ ተኈጉሎቱ ፡ ውእቱስ ፡ ንጉሥ ፡ አዘ
ዘ ፡ እንዝ ፡ ይብል ፡ ዘኢ.በ0ሐ ፡ ኃበ ፡ ይደ2ን ፡ በ0ለት ፡
ዘእዘገን ፡ እመኒ ፡ ጨዋ ፡ ወሰብእ ፡ አፍራስ ፡ ወአእጋር ፡
ይትወረስ ፡ ንዋዩ ፡ ወሣ.መቶሂ ፡ ይንሣእ ፡ በ0ድ ፡ ወቃለ
አዋዲ ፡ ያደ ፡ እንዝ ፡ ይብል ፡ ከመዝ ፡ ወተንሥአ ፡ እ
ምጉብኤ ፡ ወሰንበተ ፡ በከምቢ ፡ ዘወገራ ፡ ውእተ ፡ አሚ
ረ ፡ ሀለወት ፡ ምስሌሁ ፡ (fol. 167 v°, col. 1) ዘድልው ፡

ላቲ ፤ ክብር ፤ ወስብሐት ፤ ወመንግሥት ፤ ወበዳግም ፤ እ
ሰንበተ ፤ በሸዋዳ ፤ ወሑረቱስ ፤ ኮነ ፤ በበሕቅ ፤ በእንተ ፤
ዕውራን ፤ ወሐንክሳን ፤ ወዕቡሳን ፤ እስመ ፤ ይተልውዎ ፤ ኀ
በ ፤ ሐረ ፤ ዘመ ፤ ከመ ፤ ትትራድእሙ ፤ እዴሁ ፤ ስፉ
ሕት ፤ ረዳእተ ፤ ምስኪናን ፤ ወነዳያን ፤ ወልማድ ፤ ሎሙ ፤
ተሊዎተ ፤ ግንቱ ፤ መሐሪ ፤ ኀብ ፤ ሐረ ፤ ዘመ ፤ በእን
ተ ፤ ዘቲ ፤ ኔራቱ ፤ በከመ ፤ ዓበየ ፤ ተፈልጠቆ ፤ ለእግዚ
እን ፤ ኢየሱስ ፤ ክርስቶስ ፤ ጀቪሂ ፤ ብእሲ ፤ እለ ፤ አዕገበ
ሙ ፤ በጀ ፤ ኀብስት ፤ ወዚ ፤ ዓሣት ፤ በከመ ፤ ይቤ ፤ ጀ ፤
ሊቅ ፤ እስመ ፤ ተአምረ ፤ ኀብስት ፤ ኢያበውሆሙ ፤ ይት
ፈለጡ ፤ እምኔሁ ፤ ወከማሁ ፤ ነዳያን ፤ ወምስኪናን ፤ ዘ
ይትሜገቡ ፤ በምሕረቱ ፤ ለእግዚእን ፤ ዓበዮ ፤ ተፈልጠቆ ፤
ሰብእ ፤ አንገረ ፤ አዋጅ ፤ ዓበዮ ፤ ተፈልጠ ፤ ወተለውዎ ፤
ውእቱኒ ፤ ኢተምያሙ ፤ በእንተ ፤ ተዓድዋተ ፤ ቃሉ ፤ እ
ላ ፤ ተራኀርኆ ፤ ላእሌሆሙ ፤ ለእለኒ ፤ ተንተኑ ፤ ይሰውቆ
ሙ ፤ ወለእለ ፤ ወድቁ ፤ ያነሥአሙ ፤ እግዚእነስ ፤ ይቤሎ
ሙ ፤ አሜሃ ፤ ለአሕዛብ ፤ እለ ፤ ተለውዎ ፤ አከ ፤ ዘተኀ
ሠሡኂ ፤ በእንተ ፤ ዘርኢክሙ ፤ ተአምራተ ፤ አላ ፤ በእን
ተ ፤ ዘበላእክሙ ፤ ኀብስተ ፤ ወጸገብክሙ ፤ ግንቱስ ፤ ይሙ
ስል ፤ ዘለፉ ፤ አእሚሮ ፤ ሕሊናሆሙ ፤ ወፍቃሬ ፤ ረባሕ ፤
ሥጋ ፤ እግዚእነስ ፤ ኢይት(ነ)ገሮሙ ፤ ጀ ፤ ቃለ ፤ ዘያቲ
ክዝ ፤ ለበሙ ፤ አላ ፤ በቃል ፤ ርኑፉን ፤ ከመ ፤ አብ ፤
መሐሪ ፤ ወምስለዝ ፤ ያወትር ፤ ጸሎተ ፤ ወአስተብቍዖ ፤ ቅ
ድመ ፤ እግዚአብሐር ፤ ከመ ፤ ያርእዮ ፤ ድቀተ ፤ ዐሩ ፤ አ
ይሁዳዊ ፤ (col. II) ዕቡየ ፤ ልብ ፤ ዘስሙ ፤ የአኪ ፤ እም
ግብሩ ፤ ወግብሩ ፤ የአኪ ፤ እምስሙ ፤ ዘይብልዎ ፤ ጉሽን ፤
ዘእምአዝማዲሁ ፤ ወእምነገደ ፤ ቤተ ፤ መልአክሙ ፤ ዘእው
ደቆ ፤ እግዚአብሐር ፤ ውስተ ፤ እዴሁ ፤ ለንጉሥ ፤ ዘምሕ
ረት ፤ ወመቅሠፍት ፤ ውስተ ፤ እዴዊሁ ፤ ዌሆን ፤ እምእሐ
ቲ ፤ እዱ ፤ ሣህል ፤ ወምሕረት ፤ ዘትሜግበሙ ፤ ለፍጡራ
ን ፤ ወእምእሐቲ ፤ እዱ ፤ ትወዕእ ፤ በቀል ፤ ወመቅሠፍት ፤
ዘይቀሥሮሙ ፤ ለዓላውያን ፤ አሌ ፤ ሎቱ ፤ ዘይትቀሠፍ ፤

በመንቱ ፡ ወብዑዕ ፡ ዘይረክብ ፡ ክፍለ ፡ እምእዴሁ ፡ ነወ
ድስ ፡ ለዘይጌሥዕ ፡ በመቅሠፍቱ ፡ ወይሠሃል ፡ ነዓያን ፡ በ
ምሕረቱ ፡ ወበሣልስ ፡ ሱባኤ ፡ በዕሐ ፡ ጎብ ፡ ቅሩብ ፡ እ
ምበሁ ፡ ለጕሽን ፡ ዘተጸወነ ፡ ቦቱ ፡ እንዘ ፡ የኃድግ ፡ ተ
ፀውዖ ፡ በእግዚአብሐር ፡ ዘይገሥም ፡ ለአድብር ፡ ወይጠ
ይሱ ፡ ወበብዕሐቱ ፡ ለዝንቱ ፡ ንጉሥ ፡ በሣልስ ፡ ሱባኤ ፡
እመ ፡ ፯ ፡ ለታነሣሥ ፡ ወሰራዊት ፡ ፀብዕ ፡ መጽኡ ፡ እ
ንዘ ፡ ይታለዉ ፡ ወሰርዖሙ ፡ በእገረ ፡ ውእቱ ፡ እምበ ፡
ከመ ፡ ይዕቀብዖ ፡ እምዙሉ ፡ ገበዋቲሁ ፡ ወይክልእዖ ፡ ግ
የ ፡ ከመ ፡ ኢይስተይ ፡ ደጓረጎት ፡ ምስለ ፡ ሠራዊቱ ፡ ተ
ዓየነ ፡ በ፩ ፡ ገጽ ፡ ወሰዊርስ ፡ ምስለ ፡ ዙሉ ፡ ቀኖርበን ፡
ተዓየኑ ፡ በ፩ ፡ ገጽ ፡ ወብሌን ፡ ምስለ ፡ ዙሉ ፡ ጬዋ ፡
ተዓየኑ ፡ በ፩ ፡ ገጽ ፡ ወከልእንሂ ፡ ጬዋ ፡ ዘዘእሁ ፡ ሥ
ርዓቶሙ ፡ ወዘዘእሁ ፡ ሢመቶሙ ፡ ገብሩ ፡ ከተሙ ፡ ጎ
በ ፡ መከን ፡ ዘበጽሐሙ ፡ በክፍል ፡ ዮናኤስ ፡ ወእሊአ
ሁ ፡ ተዓየኑ ፡ ጎብ ፡ መከን ፡ ዘይትሌዓል ፡ እምዙሉ ፡ ወ
ይፈኑ ፡ ዙሉ ፡ ዓዘቃት ፡ ግይ ፡ ዘሀለወ ፡ በገበዋተ ፡ እ
ምብ ፡ ወሀሉ ፡ በቅሩብ ፡ ውእቱ ፡ እምብ ፡ (fol. 168 r°, col. 1)
ከልእ ፡ እምብ ፡ ዘይንዕስ ፡ እምዙሉ ፡ ዘይሰመይ ፡ ሸከና ፡
ወበእገረ ፡ ውእቱ ፡ እምብ ፡ ገብሩ ፡ ከተግ ፡ ገብረ ፡ እ
የሱስ ፡ ሸም ፡ ወአብርሃም ፡ በበክፍሎሙ ፡ ወበበነገዶሙ ፡
ወሸሕ ፡ አጌ ፡ ዓቀብ ፡ ሚካኤል ፡ ጎብ ፡ ዘይትሌዓል ፡
እምኔሆሙ ፡ በ፩ ፡ ገጽ ፡ ምስለ ፡ እሊአሁ ፡ ወብዙኃን ፡ ሠ
ራዊት ፡ ርዖ ፡ ለአምብ ፡ እለስ ፡ ይንብሩ ፡ በታሕተ ፡ እ
ምብ ፡ ጕራብራ ፡ ኃያለን ፡ እሙንቱ ፡ በፀብዖሙ ፡ ወከቡ
ራን ፡ ዘመድ ፡ በበነገዶሙ ፡ ወአሐተ ፡ ዕለተ ፡ ለአከ ፡
ጎቤሆሙ ፡ ዓቢዮሙ ፡ ሠናየ ፡ ቃለ ፡ ተመሲሎ ፡ ሰላግ
ዊ ፡ ወኃሣሢ ፡ ዕርቅ ፡ ይፌጠሙ ፡ ወምሌተ ፡ ይእቲ ፡ ዕ
ለት ፡ በገቶሙ ፡ ለሸሕ ፡ አጌ ፡ ወቀተለ ፡ ብዙን ፡ ወለ
ዓቀብ ፡ ሚካኤል ፡ መልአከሙ ፡ ቀተልዖ ፡ ወሰሚዖ ፡ ን
ጉሥ ፡ ዘንተ ፡ ጥህረ ፡ ከመ ፡ አንበሳ ፡ ወጸውዓ ፡ ለመ
ቃቢስ ፡ ሐር ፡ ምስለ ፡ እሊአከ ፡ ወገባር ፡ ከተግ ፡ ጎ

በ ፡ ነበረ ፡ ዓቀብ ፡ ሚካኤል ፡ ወአጽንዕ ፡ ተቃትሎ ፡ እስ
ከ ፡ ትመውዕ ፡ ወትትመዋዕ ፡ ወውእቱ ፡ እሆ ፡ ብሂሎ ፡
ሖረ ፡ ኀበ ፡ አዘዘ ፡ ወአሐዘ ፡ ማየ ፡ ዘይሰቲ ፡ ውእቱ ፡
ወእንስሳሁ ፡ ወበማእከለ ፡ ፪ ፡ አምባ ፡ ሀሎ ፡ ዐብብ ፡ ዘ
ይትመያየጡ ፡ ቦቱ ፡ ለምክር ፡ ወለዐብዕ ፡ ወእንበሩ ፡ ሀየ ፡
ኃያላነ ፡ ይክልእዎሙ ፡ ከመ ፡ ኢእትራድኡ ፡ በቃል ፡ ወ
በምግበር ፡ ወሰበ ፡ ኖኃ ፡ መዋዕለ ፡ ዐብዕ ፡ ዐበሙ ፡ ን
ብረት ፡ እምኵላሄ ፡ ሠራዊተ ፡ ንጉሥኒ ፡ ሰበ ፡ ርእዩ ፡
ወተመንደቡ ፡ መከሩ ፡ ወይቤሉ ፡ እምነሙት ፡ በረኃብ ፡
ይኔይሰነ ፡ መዊት ፡ በቀትል ፡ ምስለ ፡ አጸራሪ ፡ እግዚእ
ነ ፡ በከመ ፡ ተብህለ ፡ (col. II) እምረኃብ ፡ ይኔይስ ፡ ዑ
ናት ፡ ወለእለገ ፡ መከር ፡ አስተናሥኡሙ ፡ ጥበበ ፡ እግዚ
አብሔር ፡ ዘይስእር ፡ ዐብን ፡ እምእጽናፈ ፡ ምድር ፡ ወገብ
ሩ ፡ ፀብዕ ፡ ከመ ፡ ይዕርጉ ፡ ኀበ ፡ ውእቱ ፡ አምባ ፡ አ
ጥብኡ ፡ ልቦሙ ፡ ለዎት ፡ ወፈለሻኒ ፡ እጥብኡ ፡ ልቦሙ ፡
ወበሕቱ ፡ እግዚአብሔር ፡ ወደየ ፡ ፍርሃተ ፡ ውስተ ፡ ልበ ፡
ፈላሻ ፡ ወጥብአተ ፡ ውስተ ፡ ልበ ፡ ክርስቲያን ፡ ወወጠኑ ፡
ፀብዕ ፡ ወሠራዊተ ፡ ንጉሥ ፡ ዘረውዎሙ ፡ ለእለ ፡ የዐብ
ዩ ፡ ሕሊና ፡ ልቦሙ ፡ ወነሰቶሙ ፡ ለኃያላን ፡ እመናብር
ቲሆሙ ፡ ግኔ ፡ ዕፁብ ፡ እንዘ ፡ ይሰድዲዎሙ ፡ እለ ፡ ዘመ
ትሕት ፡ ለእለ ፡ ዘመልእልት ፡ እስመ ፡ ከመገ ፡ ልግዱ ፡
ለእግዚአብሔር ፡ ይስእር ፡ አጽዋናተ ፡ ውእሉ ፡ ፈላሻ ፡
ዐርጉ ፡ ኀበ ፡ ዘመልእልት ፡ አምባ ፡ ዘሀለዉ ፡ ቦቱ ፡ አን
ስቲያሆሙ ፡ ወደቂቆሙ ፡ ወክርስቲያን ፡ እንዙ ፡ ዘነበሩ ፡
ቦቱ ፡ ፈላሻ ፡ ወማየ ፡ ዘይሰትዩ ፡ ሰብአ ፡ ወእንስሳ ፡ አ
ንዙ ፡ ወነጻጠ ፡ ጸኒሆሙ ፡ ሰበ ፡ ተመንደቡ ፡ በጽምዓ ፡
ማይ ፡ ፈነዉ ፡ መልእክተ ፡ ኀበ ፡ ዓበይተ ፡ ሕገብ ፡ እ
ለ ፡ ወሰንኔ ፡ ሊቀ ፡ ዓቢያን ፡ ብላቴኖች ፡ ወተዝከር ፡
ወተወደሰ ፡ እ[ም]ጸብን ፡ ወዓልያኒሁ ፡ እለ ፡ አሰመዩ ፡ ስመ
በጥብአሙ ፡ ወበጽንአ ፡ ኃይሎሙ ፡ ወሊቀ ፡ ሰራዊት ፡ ዘ
እሜሃ ፡ ወሰንኔ ፡ ወካዕበ ፡ ፈነውዋ ፡ ለመቃቢስ ፡ ሊቀ ፡
ኑሳን ፡ ብላቴኖች ፡ ምስለ ፡ እሊአሁ ፡ ከመ ፡ ይርድአ

መ ፡ ለመስተቃትላን ፡ እለ ፡ በሸከና ፡ አምበ ፡ ወድጎረ ፡
ምጽአት ፡ መቃቢስ ፡ ፈነዉ ፡ መልእክቱ ፡ እሉ ፡ ፈላሻ ፡
ኀበ ፡ እለ ፡ ሰዊሮስ ፡ እንዘ ፡ የኀሥ (fol. 168 v°, col. 1)
ሡ ፡ ሰላመ ፡ ወቃለ ፡ መልእክቶሙ ፡ ከመገ ፡ ይብል ፡
ፈንዉ ፡ ለነ ፡ መልእክቱ ፡ ኀበ ፡ ሐዜ ፡ ይፈንዉ ፡ ለነ ፡
ዮናኤልሃ ፡ ይትቀበለነ ፡ ወአበሳነ ፡ ይኀድጉ ፡ ለነ ፡ ናሁ ፡
አበስነ ፡ ምስለ ፡ አበዊነ ፡ አመዕነዚ ፡ ወጌገይነ ፡ አጸዋኢ
ሆሙ ፡ ለኃጥአን ፡ ኀበ ፡ ንስሐ ፡ ትርከበነ ፡ ምሕረትከ ፡
ተስፉሆሙ ፡ ለኃጥአን ፡ ኃሥሢሆሙ ፡ ለግዱፋን ፡ አበግ
ዕ ፡ ኢትግድፈነ ፡ ለመርዔትከ ፡ ወደምረነ ፡ ምስለ ፡ አበግ
ዕ ፡ ዘይትረአዩ ፡ ውስተ ፡ መር[ሐ]ብከ ፡ ወርእዩ ፡ ዛተ ፡ መ
ልእክተ ፡ ተራኞርኝ ፡ ላእሌሆሙ ፡ ከመ ፡ አብ ፡ መሐሪ ፡
ወፈነዎ ፡ ለዮናኤል ፡ ይትቀበሎሙ ፡ ወይቤሎ ፡ ኢታኞስ
ም ፡ ላእሌሆሙ ፡ ወለእለ ፡ ዘሀሎ ፡ ምስሴሆሙ ፡ ወኢተዚ
ከረ ፡ በቀለ ፡ ደሞሙ ፡ ለአግብርኺሆሙ ፡ ዘተክዕወ ፡ በእ
ዴሆሙ ፡ ሚጥሢኒ ፡ ኒራተ ፡ ግዝኡ ፡ ንጉሥ ፡ መሐሪ ፡
ትመስል ፡ ኒራተ ፡ እግዚእ ፡ ኢየሱስ ፡ ዘሰአለ ፡ ለእለ ፡ ሰ
ቀልዎ ፡ ብሂሎ ፡ አበ ፡ ስሪዮ ፡ ሎሙ ፡ ወበጺሐ ፡ ኀበ ፡
እግረ ፡ አምበ ፡ ይቤሎሙ ፡ ለፈላሻ ፡ በጸሕኩ ፡ ከመ ፡ እ
ትቀበልክሙ ፡ ወእሠኒ ፡ ላእሴክሙ ፡ በዙሉ ፡ ወሰሚያሆሙ ፡
ተፈሥሑ ፡ ወወረዱ ፡ ምስለ ፡ ኩሉ ፡ ዘአጥረዩ ፡ ወኢቤ
ሳቀኑሰ ፡ ቤቶሙ ፡ ኢነደጉ ፡ ወበጺሐሙ ፡ ኀበ ፡ ዮናኤል ፡ ነገ
ሮሙ ፡ ቃለ ፡ ሐዜ ፡ ንብሩ ፡ ይቤሉክሙ ፡ ሐዜ ፡ በገ
ዚ ፡ ተፈሥሑ ፡ ፈድፋደ ፡ እስመ ፡ የአምርዎ ፡ ቀዳሚ ፡
እመ ፡ ነበረት ፡ በእዱ ፡ ሥልጣን ፡ ሰሜን ፡ ብላቴዎቻሰ ፡
ዘነብሩ ፡ ምስለ ፡ ወሰንዔ ፡ ወመቃቢስ ፡ ፈቀዱ ፡ ይበዝብ
ግዎሙ ፡ ወበሕቱ ፡ ኢሐደጎሙ ፡ ዮናኤል ፡ ፈሪሆ ፡ ትእዛ
ዚ ፡ ንጉሥ ፡ መሐሪ ፡ ኀበ ፡ ኪታማሁ ፡ ወወሀቦሙ ፡ ስፍ
ራ ፡ ዘይርኀቅ ፡ ንስቲተ ፡ እምኔሁ ፡ ወእቶሙሰ ፡ አቅረ
ቡ ፡ (col. II) ሎቱ ፡ ለዮናኤል ፡ በከመ ፡ ልማድ ፡ ዘይሁ
ቡ ፡ ሰብእ ፡ ለዘከነ ፡ ወሀቤ ፡ ላእሴሆሙ ፡ መጠነ ፡ ፫ ፡ መ
ግዝአ ፡ አልህምት ፡ ወአበግዕኒ ፡ ከማሁ ፡ መጠነ ፡ ፫ ፡ ወ

አስይፍተኒ ፡ መጠነ ፡ ፲ ፡ አብኡ ፡ አምኃ ፡ ለክብሩ ፡ ወ
እቱስ ፡ ይቤ ፡ እፈቅድ ፡ ኪያክሙ ፡ ወአከ ፡ ንዋየክሙ ፡
ወአስይፍትኒ ፡ ተቃተሉ ፡ ቦቱ ፡ አኃዊክሙ ፡ ዘአጽረሩ ፡ እ
ምንጉሥ ፡ አበግዓኒ ፡ ወአልህምት ፡ ለመፍቅድክሙ ፡ ይኩ
ን ፡ ንዋየሰ ፡ ይሁብክሙ ፡ ንጉሥ ፡ ወአነሂ ፡ እትራድእክ
ሙ ፡ መጠነ ፡ ተክህለኒ ፡ እምህብተ ፡ እግዚእየ ፡ ወዘንተ ፡
ዘይቤ ፡ ከመ ፡ ያሠኒ ፡ ልቦሙ ፡ ዘኢይሐሊ ፡ ሠናየ ፡ እን
በለ ፡ እኩይ ፡ ወያንጽሕ ፡ ሕሊናሆሙ ፡ ዘኢይነጽሕ ፡ እም
ትምይንት ፡ ወዘንተ ፡ ዘጸድቅ ፡ ንጽሕፍ ፡ በመትለወ ፡ ዝ
ንቱ ፡ ወበምሴት ፡ ይእቲ ፡ ሴሊት ፡ መጠነ ፡ ፱ ፡ ጋሩያኒሆ
ሙ ፡ እጉዛነ ፡ አስይፍት ፡ ወቅኑታነ ፡ መጣብሕ ፡ ዘውእ
ቱ ፡ ሾተል ፡ ቆሙ ፡ ቅደመ ፡ ገጹ ፡ ወይቤሉ ፡ አብሐነ
ንንብብ ፡ ቅድሜከ ፡ እስመ ፡ ብነ ፡ መፍቅድ ፡ ውእቱስ ፡
ተሐዘቦሙ ፡ ወይቤሎሙ ፡ ሐሩ ፡ ጎበ ፡ ስፍራክሙ ፡ ወ
ድኅረ ፡ መጺአክሙ ፡ ትነግሩኒ ፡ ወዕኡ ፡ ወሐሩ ፡ ጎበ ፡ ስ
ፍራሆሙ ፡ ዘንተ ፡ ቀዊሞቶሙ ፡ ቅድመ ፡ ዮናኤል ፡ በዘ
ይቤ ፡ ለተንህዎ ፡ ወበ ፡ ዘይቤ ፡ ይየውሀዋ ፡ ይሐሩ ፡ ጸ
ሚተ ፡ ወኢይትኃዘብ ፡ ልቡ ፡ ውእተ ፡ ጊዜ ፡ ሐሩ ፡ ጸ
ሚተ ፡ ወለሚያ ፡ ነሰሰወ ፡ እግሮሙ ፡ ተልዎሙ ፡ ምስለ ፡
ወዓልቱ ፡ ዮናኤል ፡ ወረከቦሙ ፡ ለእለ ፡ ተድኃሩ ፡ ወነ
ሥእ ፡ ወልታሆሙ ፡ ወዞናቶሙ ፡ ወወሀበ ፡ ለወዓልቱ ፡ ወ
መንፈቀ ፡ ወዓልቱ ፡ ፈነወ ፡ ጎበ ፡ አንስቲያሆ (fol. 169 r°,
col. l) ሙ ፡ ወደቂቆሙ ፡ ውእቱስ ፡ አጥብን ፡ ልቡ ፡ ወ
ደጋኖሙ ፡ ወሐቀ ፡ ሐዊር ፡ ረከቦሙ ፡ በፍኖት ፡ ለእለ ፡
ተድኃሩ ፡ ወእምኌሆሙ ፡ በዘቀተለ ፡ ወበ ፡ ዘእኃዘ ፡ ወን
ዋየ ፡ ሐቀሉሙ ፡ ወሀበ ፡ ለወዓልቱ ፡ ወእለ ፡ አምስጡ ፡
የአክሉ ፡ ፬ ፡ እሙ ፡ ፯ ፡ እለ ፡ ተእኃዙሂ ፡ ፱ ፡ ወእለ ፡
ሞቱሂ ፡ ፮ ፡ ወለዞሉሙ ፡ አዕቀበ ፡ ለወአልቱ ፡ ረሲ
ዮ ፡ ፮ ፡ ማኃበረ ፡ ወበሳኒታ ፡ አውፅአሙ ፡ ጎበ ፡ መከን
ርኂብ ፡ ወቀተለ ፡ መንፈቆሙ ፡ በዞናት ፡ ወመንፈቆሙ ፡
በሰይፍ ፡ ወለኂቢየ ፡ ሐሰትስ ፡ ነቢዮሙ ፡ ዘተድኃረ ፡ ዋ
ቱ ፡ ይቤሉ ፡ እመ ፡ ትፈቱ ፡ ሐይወ ፡ በእንተ ፡ ማርያም ፡

መሐረኒ ፡ ብሂለከ ፡ ሰአል ፡ ወእመአከሰ ፡ ሰይፍ ፡ ቅድሜ
ከ ፡ ወይቤ ፡ እኮኑ ፡ ጓሩም ፡ ዘክርተ ፡ ስጋ ፡ ለግርያም ፡
አፉነ ፡ እመኒ ፡ ሞትኩ ፡ ሠናይ ፡ ሊተ ፡ እመ ፡ እትገኣ
ሥ ፡ እምህገረ ፡ ሐሰት ፡ ውስተ ፡ ሀገረ ፡ ጽድቅ ፡ ወእ
ምጽልመት ፡ ውስተ ፡ ብርሃን ፡ አፍጦን ፡ ቀቲሉትየ ፡ ወ
ይቤሉ ፡ ዮናኤል ፡ እመስ ፡ ጓረይከ ፡ ሞተ ፡ እምሕይወ
ት ፡ እሠኒ ፡ ሞተከ ፡ ወአጽንን ፡ ርእሰከ ፡ ወአጽነሰ ፡ ከሣ
ዶ ፡ ወዘበጦ ፡ በሰይፍ ፡ ወበአሐቲ ፡ ጊዜ ፡ መተሮ ፡ ወበ
ተከ ፡ ፪ ፡ አብራኪሁ ፡ ዘንተ ፡ ኩሎ ፡ ኃሊሮ ፡ ቦአ ፡ ል
ሰነ ፡ ስይፉ ፡ ውስተ ፡ ምድር ፡ መጠነ ፡ እራኃ ፡ እድ ፡
ወተሰበረ ፡ ዘቦአ ፡ ውስተ ፡ ምድር ፡ ወእለ ፡ ርእዩ ፡ አን
ከሩ ፡ ኃይለ ፡ ሰያፌ ፡ ወጥብእተ ፡ አይሁጻዊ ፡ እስከ ፡ ለ
ሞት ፡ እንዘ ፡ ያስተአኪ ፡ ምድራዌ ፡ ወያስተሣኒ ፡ ሰግያ
ዌ ፡ ዘከመዝሰ ፡ መዊት ፡ ሠናይ ፡ ለመሣ (col. II) ሐው
ያን ፡ በከመ ፡ ይቤ ፡ እግዚእን ፡ ዘሰ ፡ አምነኒ ፡ በቅደመ ፡
ሰብእ ፡ አነኒ ፡ አአምኖ ፡ በቅደመ ፡ ገጸ ፡ አቡየ ፡ ዘበሰ
ማያት ፡ ለዝንቱ ፡ ሰ ፡ ሞቱ ፡ ከንቱ ፡ እስመ ፡ ሲአል ፡ ት
ተአፕ ፡ ወድጓረ ፡ ዝ ፡ ወህብ ፡ ዮናኤል ፡ አምኃ ፡ ለሐዘ
ጊ ፡ በከመ ፡ ይሁቡ ፡ መስተቃትላን ፡ ለሊቆሙ ፡ መጠነ ፡
፻፳ ፡ አግብርት ፡ ወእእግት ፡ እምአንስቲያሆሙ ፡ ወደቂቆ
ሙ ፡ ሐዘጊ ፡ ባርከዎ ፡ ወእምዝ ፡ እለ ፡ ነበሩ ፡ በሸኽና ፡
አምበ ፡ መጽኡ ፡ ጓበ ፡ ወርቅ ፡ አምበ ፡ ወበእግሬ ፡ ው
እቱ ፡ አምበ ፡ ገብሩ ፡ ከተማ ፡ ምስለ ፡ እሉ ፡ ቀዳማውያ
ን ፡ ውእቱ ፡ ጊዜ ፡ ቦአ ፡ ፍርሃት ፡ ውስተ ፡ ልብ ፡ ጉሸ
ን ፡ ሰበሰ ፡ ኢያጽንፕ ፡ እግዚአብሔር ፡ እምተፈልጠት ፡ ነ
ፍሱ ፡ እምሥጋሁ ፡ ሰበ ፡ ርእየ ፡ ብዝኛሙ ፡ ወእግተተ ፡
አምባሁ ፡ ወደንገፀ ፡ ከመ ፡ ናበል ፡ እምጠህሬ ፡ ጻዊት ፡
አንበሳ ፡ ወከመ ፡ ቃያል ፡ ርኡድ ፡ ወበሕቱ ፡ ኢበሪሐት ፡
ዕለተ ፡ ሞቱ ፡ ወበብዕሐት ፡ ንጉሥ ፡ ተፈጸመ ፡ ቃለ ፡
ጻዊት ፡ ዘይቤ ፡ ርዕደት ፡ ወአድለቅለቀት ፡ ምድር ፡ ወአን
ቀልቀሉ ፡ መሠረታት ፡ እድባር ፡ ወተሐውኩ ፡ እስመ ፡
ተምዖሙ ፡ እግዚአብሔር ፡ ወተመንጀቡ ፡ ኩሉ ፡ ሰብእ ፡

በረኃብ ፡ ወፅምዕ ፡ በከመ ፡ ተብህለ ፡ ቀዳሚ ፡ ሕይወቱ ፡
ለሰብእ ፡ እክል ፡ ወማይ ፡ ወዘእንበሌሁሰ ፡ ኢየሐዩ ፡ ሰብ
እ ፡ ዘውእቱ ፡ እንስሳ ፡ ነባቢ ፡ ወእለ ፡ ሞቱ ፡ መጠነ ፡
፻፺ ፡ ወመቃብሪሆሙ ፡ ዓዘቃት ፡ ወግበባት ፡ ወኀደግዎሙ ፡
ህየ ፡ እንበለ ፡ ይክርዩ ፡ መቃብረ ፡ ወበውእቱ ፡ መዋዕ
ል ፡ ተንሥኡ ፡ ፪ ፡ እለ ፡ ይብሉ ፡ ናዓርግ ፡ ኀበ ፡ ውእ
ቱ ፡ አምባ ፡ ወጠይቀነ ፡ ፍናዊሁ ፡ ንትመየት ፡ በሕቱ ፡
ፍዳ ፡ ሞትነ ፡ ምንት ፡ ዕሤትነ ፡ ሐዜጌኒ ፡ ዘንተ ፡ ሰሚዖ ፡
ተፈሥሐ ፡ ወአሰፈዎሙ ፡ ህብታተ ፡ ብዙኃ ፡ ወበውእቱ ፡
ተሰፊሁ ፡ ሐሩ ፡ ኀበ ፡ ውእቱ ፡ አምባ ፡ ዘአ.ይ (fol. 169 v°,
col. I) ከል ፡ በሪገ ፡ ወወሪዶ ፡ ወዐሪገ ፡ ረከቡ ፡ ፭ ፡ ዓቃ
ቤ ፡ በአፈ ፡ ውእቱ ፡ ፀድፍ ፡ ወነሢኦሙ ፡ ተቀርሻ ፡ ዜ
ቤት ፡ ተመይጡ ፡ በፍኖት ፡ ዘዐርጉ ፡ በቱ ፡ ዝንቱሰ ፡ ይ
መስል ፡ ግብረ ፡ ፪ ፡ ሰብዓ ፡ ዓይኑ ፡ ዘፈነዎሙ ፡ ሙሴ ፡
ውስተ ፡ ምድረ ፡ ርስት ፡ ዘአሰፈወ ፡ እግዚአብሔር ፡ ለደ
ቂቀ ፡ ሸኤል ፡ እንዘ ፡ ይብል ፡ እሁበክሙ ፡ ሀገረ ፡ ዘታ
ውሕዝ ፡ ሐሊበ ፡ ወመዓረ ፡ ወበዘተ ፡ ተሰፉ ፡ ጸንዓ ፡ ወ
ኢናፈቀ ፡ ልበ ፡ ሸኤል ፡ እምተሰፉ ፡ ወአሉ ፡ ፪ ፡ ዕደ
ው ፡ ነሢኦሙ ፡ እምቤት ፡ ጠቀርሻ ፡ አግብዑ ፡ ሎሙ ፡
ወጕጕዑ ፡ ለዓሪግ ፡ ወይቤልዎሙ ፡ ለእልክቱ ፡ ምንተ ፡
ይኄይሰነ ፡ ወይቤሉ ፡ አህባላ ፡ ወመጨና ፡ መጠነ ፡ ፻ወ፰ ፡
ወሶበ ፡ አምጽኡ ፡ ሎሙ ፡ መተሩ ፡ ዕፀወ ፡ መጠነ ፡ ዕመ
ት ፡ ወአሲሮሙ ፡ እሎንተ ፡ አስዓወ ፡ በ፫ወ፩ ፡ መጬኛ ፡
ዘይበፅሕ ፡ እምለእሉ ፡ እስከ ፡ ታሕቱ ፡ ወገብሩ ፡ በቱ ፡
ሰዋስወ ፡ ለምክያደ ፡ እግር ፡ ወአሠርዎ ፡ በአሐቲ ፡ ዕፅ ፡
ዘሀለወት ፡ በርእሰ ፡ አምባ ፡ ወእምገዘ ፡ ኀረዩ ፡ መጠነ ፡ ፴ ፡
ዕደው ፡ ኃያላነ ፡ ወምሁራነ ፡ ፀብዕ ፡ እለ ፡ አሰመዩ ፡ ስ
መ ፡ በዘመኖሙ ፡ ወእምትርዢኒ ፡ ኃረዩ ፡ ወጠነ ፡ ፲ ፡ ዕ
ደው ፡ እለ ፡ እሙራን ፡ በኃይሎሙ ፡ ወበፅንዖሙ ፡ ወዐ
ሪጎሙ ፡ ውእተ ፡ አምባ ፡ ቀተሉ ፡ ውእተ ፡ ዓቃቤ ፡ ዘ
ዘከርናሁ ፡ ቅድመ ፡ ወእምህየ ፡ በዕሑ ፡ ኀበ ፡ ከተማሁ ፡
ለጕሸን ፡ ወጊዜ ፡ መንፈቀ ፡ ሌሊት ፡ ከነ ፡ ውውዓ ፡ ወ

አውዳይ ፡ ከተማሁ ፡ በእሳት ፡ ወኮነ ፡ ዓቢይ ፡ ክላህ ፡ በ
ኀበ ፡ ፈላሻ ፡ ዘፍርሃት ፡ ወኀበ ፡ ክርስቲያን ፡ ዘመዊዕ ፡
ሐዜኜ ፡ ሰብ ፡ ሰማዑ ፡ ክላሐ ፡ ድምያሙ ፡ ወውዕየተ ፡
ቤት ፡ ዘከተማ ፡ ወአእመሩ ፡ ከመ ፡ ሰበሩ ፡ አምበ ፡ እስ
መ ፡ ይቤሎሙ ፡ ለእመ ፡ ሰበርክሙ ፡ (col. II) አርእዩኒ ፡
ውዕየተ ፡ ከተማ ፡ ወሡራዊትኒ ፡ ይቤሉ ፡ ከማሁ ፡ በገ ፡
አእመሩ ፡ ተሰብሮተ ፡ አምበ ፡ ወሶቤሃ ፡ ተዘብጠ ፡ ድብ ፡
አንበሳ ፡ ወንስርቃና ፡ ወሳንቲ ፡ ወገብሩ ፡ ፍሥሓ ፡ ሠራ
ዊተ ፡ ሐዜዜ ፡ እስከ ፡ ኮነ ፡ መንክረ ፡ ወደንገወ ፡ ጐሽ
ን ፡ ሰብ ፡ ሰምዓ ፡ ክላሐ ፡ ዘለፌ ፡ ወለፌ ፡ ወእምብዙ
ኃ ፡ ድንጋዌ ፡ ኃጥአ ፡ ልቡናሁ ፡ ወፈተወ ፡ ተሐጠ ፡ ም
ድር ፡ ከመ ፡ ዳታን ፡ ወአቤሮን ፡ ወይደቅ ፡ መብረቅ ፡
ወይንጽሓ ፡ ውስተ ፡ ምድር ፡ ወበሕቱ ፡ ኢኮነ ፡ ሞቱ ፡
በዝንቱ ፡ ወእምገዝ ፡ መከረ ፡ ኀጕለ ፡ ሥጋሁ ፡ ወነፍሱ ፡
እምእትጋነይ ፡ ለንጉሥ ፡ ወይግሥሡኒ ፡ እደ ፡ ክርስቲያን ፡
ይኔይሰኒ ፡ ሞት ፡ ወዘንተ ፡ መከረ ፡ ወሓረ ፡ ምስለ ፡ አ
ዝማዲሁ ፡ ወእለ ፡ የአምዋሙ ፡ ወአልት ፡ ኀበ ፡ እፈ ፡ ፀ
ደቅ ፡ ወወድቁ ፡ በጥቃ ፡ ከተማሁ ፡ ለብሌን ፡ ወመተረ ፡
ብሌን ፡ ርእስ ፡ ጐሽን ፡ ወአርእስተ ፡ እሊአሁ ፡ ወአወፈ
የ ፡ ለየናኤል ፡ ሰለበሆሙ ፡ እስመ ፡ ሊቀ ፡ ሠራዊት ፡
ወኮነ ፡ ዓቢይ ፡ ፍሥሓ ፡ በከተማ ፡ የናኤል ፡ በቅትለተ ፡
ጐሽን ፡ ወእሊዓሁ ፡ ወዓዲ ፡ ንጽሕፍ ፡ ዜና ፡ አምሥጠ
ቱ ፡ ለጌዴዎን ፡ እሞተ ፡ ይእቲ ፡ ዕለት ፡ ወሰብ ፡ ዐደፈ ፡
ጐሽን ፡ ወእሊዓሁ ፡ ወበለፌ ፡ ጐየ ፡ ጌዴዎን ፡ በፉዮት ፡
ርቱዕ ፡ ዘየሐውሩ ፡ በቱ ፡ አንስቲያሁስ ፡ ወአሐቲሁ ፡ ተነ
ጽሓ ፡ ውስተ ፡ ዐደፍ ፡ ወሞታ ፡ በጥቃ ፡ ፍኖቱ ፡ ለጌዴ
ዎን ፡ ሚይሤኒ ፡ ወይጸንዕ ፡ ሐሊና ፡ ድኩማት ፡ አንስት ፡
ዘኢደንገፃ ፡ እምፍርሃተ ፡ ሞት ፡ እፎ ፡ እምተወደሳ ፡ እ
መ ፡ ኮነ ፡ ሞቶን ፡ በመዋዕለ ፡ ፯ ፡ ደቂቅ ፡ ዘቀተሎሙ ፡
አንጥያክስ ፡ መስለ ፡ እሞሙ ፡ ወ (fol. 170 rᵒ, col. 1) አቡ
ሆሙ ፡ እስመ ፡ ኮነ ፡ ሞቶሙ ፡ በዓቂብ ፡ ሕግ ፡ አሪታ
ዊት ፡ ዘዐብሪቱ ፡ ይእቲ ፡ ዓመት ፡ እምቅድመ ፡ ትመጽ

እ ፡ ሕግ ፡ መሢሐዊት ፡ ሞተ ፡ እላንቱሰ ፡ በንቂብ ፡ ሕ
ግ ፡ ዘተሥዕረት ፡ ወበጠለት ፡ ሥርዓታ ፡ ወእክ ፡ በእሚ
ን ፡ ክርስቶስ ፡ ዘተፈነወት ፡ ለምድር ፡ በምልዓ ፡ ዘበእን
ቲአሁ ፡ ሞተት ፡ አርሲግ ፡ ወብዙኃት ፡ አንስት ፡ እለ ፡
ከማሃ ፡ በዘዘዚአሁ ፡ ሥቃይ ፡ ወእትረፉ ፡ ሠናየ ፡ ስመ ፡
ድኅረ ፡ ሞቶን ፡ ወእላንቱሰ ፡ ዕለተ ፡ አትረፋ ፡ ህየንተ ፡
ውዳሴ ፡ በመንኖ ፡ እሚነ ፡ ልደቱ ፡ ለእግዚእን ፡ ክርስቶስ ፡
እምእግዝእትን ፡ ማርያም ፡ እንበለ ፡ ሩካቤ ፡ ዘታበውእ ፡
መንግሥተ ፡ ሰማይ ፡ ወተለዋ ፡ ጦዋየ ፡ ዘያበውእ ፡ ሲኦ
ለ ፡ ወጌዮንስ ፡ ይቤሎሙ ፡ ለእሊአሁ ፡ ስምዑኂ ፡ ናሁ ፡
ሀሉን ፡ ተሐዊፈን ፡ በእስይፍት ፡ ወዙያንው ፡ ይእዜኂ ፡
ይኔይሰን ፡ መዊቱ ፡ እምተጼውዎ ፡ ኢሰማዕክሙኑ ፡ ዘይ
ቤሉ ፡ አበዊነ ፡ እመ ፡ አገቾሙ ፡ ጢጦስ ፡ ወልደ ፡ እስ
ባስያኖስ ፡ ይኔይስ ፡ መዊት ፡ በክብር ፡ እምሐይው ፡ በኃ
ሣር ፡ ወአስተፃንያሙ ፡ በዘከመዝ ፡ ግብር ፡ ወሐረ ፡ ኃ
በ ፡ ተዓየኑ ፡ እለ ፡ ደኅረኃት ፡ ወኃለፈ ፡ እንተ ፡ ማእከ
ሎሙ ፡ ወኃሊፎቾሙሰ ፡ ዳህነ ፡ በ ፡ ዘይቤ ፡ ከመ ፡ ኃለ
ፈ ፡ በጽልመት ፡ ወሰበ ፡ ርእይዎሙ ፡ አእመርዎ ፡ ከመ ፡
ጠብእ ፡ ለሞት ፡ ከመ ፡ ኢያሕጉል ፡ ጀ ፡ እምኔሆሙ ፡ ና
ጸድቅ ፡ ነገርሙ ፡ ለእለ ፡ ይብሉ ፡ ኃስፈ ፡ በሊሊት ፡ ወ
እምአከሰ ፡ ኢይበዝን ፡ እምኗ ፡ ወልታ ፡ እፎ ፡ እምሰጠ ፡
እምኗኺ ፡ ኃያላን ፡ ወምሁራን ፡ ፀብዕ ፡ እለ ፡ ይእኅዙ ፡ ወ
ልታ ፡ ወዙናተ ፡ በእንተዝ ፡ ናጸድቅ ፡ ቃለ ፡ ደኅራዊ ፡
ወናሐሱ ፡ ቃለ ፡ ቀዳማዊ ፡ ወከመዝ ፡ እምሰጠ ፡ እስከ ፡
ጊዜሁ ፡ ወዮናኤልሰ ፡ ወሰደ ፡ ሰለበሁ ፡ ለጉሽን ፡ ኃበ ፡
ሐፄ ፡ ወበዕለተ ፡ ተሐጕሎቱ ፡ (col. II) ለጉሽን ፡ ዘውእ
ቱ ፡ ፀረ ፡ ማርያም ፡ ለክብረ ፡ ስግ ፡ ይደሉ ፡ ሰጊድ ፡
ዙሎሙ ፡ ጨዋ ፡ ወእለ ፡ የዓውድዎ ፡ ለአምበ ፡ ተጋቢአ
ሙ ፡ ምስለ ፡ ዮናኤል ፡ አብኡ ፡ ርእሰ ፡ ጉሽን ፡ ወእሊ
አሁ ፡ ኃበ ፡ ሐፄ ፡ እምኃ ፡ ከመ ፡ ልግደ ፡ መዊእ ፡ ዓ
ለውያን ፡ ውእተ ፡ ጊዜ ፡ ገብሩ ፡ ፍሥሓ ፡ እስከ ፡ ይሰ
ማዕ ፡ ድምፀ ፡ ፍሥሓሆሙ ፡ በከድባር ፡ ወአውግር ፡ ወበ

ዞሉ ፡ መክን ፡ ዘለፌ ፡ ወለፌ ፡ ወተሐውኩ ፡ አህጉራት ፡
ሊተሰ ፡ ይመስለኒ ፡ ዘይቤ ፡ ግሥሣሙ ፡ ለአድባር ፡ ወ
ይጠይሱ ፡ አብርቅ ፡ መብርቅቲክ ፡ ወዝርዓሙ ፡ ፈኑ ፡
እሕፃክ ፡ ወሐኩሙ ፡ ዘንተሰ ፡ ዘእቤ ፡ ውግረተ ፡ ነ
ፍት ፡ ዘሐጌ ፡ ወይእቲ ፡ ዕለተ ፡ ዕረፍታ ፡ ለእግዘ
ንትነ ፡ ማርያም ፡ በከመ ፡ ጸሐፉ ፡ በስንክሳር ፡ አበዊ
ነ ፡ ክቡራን ፡ አባ ፡ ሚካኤል ፡ ወአባ ፡ ዮሐንስ ፡ እጺስ
ቆጸሳት ፡ ዘመሊዝ ፡ ወቡርል ፡ ስ ፡ ወአኩ ፡ በካልእት ፡ ዕ
ለት ፡ ዘጸሐፉ ፡ ካልእን ፡ ዕለተ ፡ ፍልሰታ ፡ ለእግዝእትነ ፡
ማርያም ፡ ወሰቤሃ ፡ ጸሐፉ ፡ ብስራት ፡ ፍሥሓ ፡ ኃብ ፡
ንግሥት ፡ ወዘገብረ ፡ ሎሙ ፡ መንክረ ፡ በሥዒረ ፡ አምባ ፡
ዘይመስል ፡ ሰግየ ፡ ወዝንቱ ፡ ከመ ፡ ያእዙትዎ ፡ ለእግዚ
እብሔር ፡ ወፈነዊ ፡ በእደ ፡ ብላቴና ፡ ዘይትመያየት ፡ ወ
ትረ ፡ ኃብ ፡ ይቤኔ ፡ ወኃብ ፡ ሐጌ ፡ ወይቤኔስ ፡ ኮኑ ፡
በውእቱ ፡ መዋዕል ፡ በጸሎት ፡ ውስተ ፡ ቤተ ፡ ክርስቲያ
ን ፡ ወምሕለላ ፡ በእንተ ፡ ሐጌ ፡ በውእቱ ፡ ጊዜ ፡ ትመ
ስልዋ ፡ ለሐና ፡ ወለተ ፡ ፋኑኤል ፡ ዘኢትወዕእ ፡ አምክራ
ብ ፡ መዓልተ ፡ ወሌሊተ ፡ በጸም ፡ ወበጸሎት ፡ ወኃብ ፡ አ
ድባራትኒ ፡ ወምኔታት ፡ ኮኑ ፡ ይሁቡ ፡ ክታብ ፡ እንዘ ፡ ይ
ተግሁ ፡ መዓልተ ፡ ወሌሊተ ፡ ወበጸሎተ ፡ እሉ ፡ ቅዱሳ
ን ፡ ወሀቦ ፡ እግዚአብሔር ፡ መዊአ ፡ ለንጉሥ ፡ ሠርዐ ፡
ድንግል ፡ ዘበእደዊሁ ፡ ኮኑ ፡ መንክራት ፡ ዘዘክርናሆሙ ፡
ወሰበ ፡ በዕሐ ፡ ብስራት ፡ ኃብ ፡ ሐጌ ፡ በእደ ፡ ብላቴ
ና ፡ ጸውዕዎሙ ፡ ለአስቤ ፡ ወዘጸራቅሊጦስ ፡ ከመ ፡ ያንብ
ቡ ፡ ክታብ ፡ የዳገምትኒ ፡ ዘተብህለት ፡ እመ ፡ ንጉሥ ፡ በጸ
ጋ ፡ በእንተ ፡ ሥነ ፡ ግዕዝ ፡ ወኒራታ ፡ እዛገር ፡ (fol. 170
vᵒ, col. l) በኃይለ ፡ ሥሉስኒ ፡ ወመምህረ ፡ ሥርዓትኒ ፡ አ
በ ፡ እምኳ ፡ ጊዮርጊስ ፡ እሉ ፡ ኩሎሙ ፡ ነበሩ ፡ ምስለ ፡
ይቤኔ ፡ በውእቱ ፡ ዘመን ፡ ወሰቤሃ ፡ ተጋብእ ፡ ኩሎሙ ፡
ሰብእ ፡ ከተማ ፡ በእዋጅ ፡ ወውእቱ ፡ ክታብ ፡ ብስራት ፡
ተነበት ፡ በልዑል ፡ ቃል ፡ ዘይሰምዐ ፡ ለዕገነ ፡ ጉብኤ ፡ ወ
ሰሚያሙ ፡ ቃለ ፡ ውእቱ ፡ ክታብ ፡ ተፈሥሑ ፡ እደ ፡ ወ

አንስት ፡ አዕራግ ፡ ወሕፃናት ፡ ከህናትኒ ፡ ሀለዩ ፡ በከመ ፡
ሰብሐ ፡ ሙሴ ፡ ገብረ ፡ እግዚአብሔር ፡ እንዘ ፡ ይብሉ ፡
ንሴብሖ ፡ ለእግዚአብሔር ፡ ስቡሕ ፡ ዘተሰብሐ ፡ ወአንስት ፡
ሐለያ ፡ መሕሴተ ፡ መዊዕ ፡ እስመ ፡ ልማዶን ፡ ማሕሴት ፡
ውዳሴ ፡ ለመዋዒ ፡ ወማሕሴተ ፡ ዕዕለት ፡ ለዘተሞአ ፡ ወ
ከነ ፡ ዓቢይ ፡ ፍሥሐ ፡ በከተማ ፡ ወይቤ ፡ ንጉሥ ፡ ብዑ
አን ፡ ዘርእነ ፡ ድቀተ ፡ ዐሩ ፡ ለእግዚእነ ፡ ኢየሱስ ፡ ወ
ይደልወነ ፡ ናዕርግ ፡ መሥዋዕተ ፡ ቦውእቱ ፡ እምባ ፡ ዘ
ወሀበነ ፡ ቦቱ ፡ መዊዓ ፡ ወጸውዓ ፡ ለነብር ፡ ወይቤሉ ፡
ምስለ ፡ ካህናት ፡ ወመዝምራን ፡ አዕርግ ፡ ቀኖርባነ ፡ ወአዕ
ረቱ ፡ ቀኖርባነ ፡ በከመ ፡ መሐሩነ ፡ አበዊነ ፡ መምህራነ ፡
ቤተ ፡ ክርስቲያን ፡ ርቱዓነ ፡ ሃይማኖት ፡ ተኪሎ ፡ ደበና ፡
ወእምዝ ፡ ተመይጠ ፡ ወበሣልስ ፡ ዕለት ፡ እሞተ ፡ ጉሽ
ን ፡ ሰምዓ ፡ ንጉሥ ፡ ከመ ፡ ሀሎ ፡ ጁ ፡ እምባ ፡ ዘይንዕስ ፡
እምወርቅ ፡ እምባ ፡ ወውእቱ ፡ ቅራብ ፡ ወከመ ፡ ሀለዉ ፡
ብዙን ፡ ፈለሸ ፡ በፍርሃት ፡ ወድንጋዬ ፡ ወአዘዘ ፡ ለዮናኤ
ል ፡ ከመ ፡ ያውርዶሙ ፡ እመሂ ፡ በፍቅር ፡ ወእመ ፡ አከ ፡
በኃሣር ፡ ወሐረ ፡ ወሰፈረ ፡ በእግሬ ፡ እምባ ፡ ወፈላሸ ፡
ደንገዉ ፡ ወሐሙ ፡ ከመ ፡ እንተ ፡ ትወልድ ፡ ወፈነዉ ፡
መልእክተ ፡ ኃበ ፡ ዮናኤል ፡ እንዘ ፡ ይብሉ ፡ ሀበነ ፡ ቃ
ለ ፡ በመሐ (col. II) ላ ፡ ከመ ፡ ኢታኅስም ፡ ለእሴነ ፡ ወ
ነሢኦሙ ፡ ኪዳነ ፡ ቦኡ ፡ ምስለ ፡ ሰብአሙ ፡ ወንዋዩሙ ፡
ወይቤሉሙ ፡ ኢትፍርሁ ፡ ወኃበ ፡ ሐዜ ፡ እስእል ፡ ለከ
ሙ ፡ ምሕረተ ፡ ወወሰዶሙ ፡ ወአዕቆሙ ፡ ኃበ ፡ ሐዜ ፡
ወተንሥኡ ፡ ሐዜ ፡ በሳኒታ ፡ ወበዕሐ ፡ ሸዋዳ ፡ ወበሰሙ
ን ፡ በዕሐ ፡ ኃበ ፡ ሀለዉ ፡ ይቴዜ ፡ በመክን ፡ ዘይሰፍ
ራ ፡ ቦቱ ፡ እንዘ ፡ የሐወሩ ፡ ዘመኃ ፡ ወይትመየጡ ፡ እ
ምዘመኃ ፡ ዘሰሜን ፡ ወሰቤሃ ፡ ደምፀ ፡ ክላሐ ፡ ማሕሴት ፡
ዘከህናት ፡ ወዘፈን ፡ ዘይቴዜ ፡ አግርድ ፡ ወከነ ፡ ዓቢይ ፡
ፍሥሐ ፡ እስመ ፡ ከነ ፡ ተራክቦተ ፡ እሉ ፡ በመዊዕ ፡ ወ
በሳኒታ ፡ ተንሥኡ ፡ ወበዕሐ ፡ በሰሙን ፡ ኃበ ፡ ጉብኤ ፡
እንዘ ፡ ዓዲሁ ፡ ሰናብት ፡ ለቀበላ ፡ ጸም ፡ ወከነ ፡ ፍሥ

ሐ ፡ በአእኩቶ ፡ እግዚአብሔር ፡ ዘአልቦ ፡ ትምክሕት ፡ በ
መዊዕ ፡ ዘጸሐፍነ ፡ ከመ ፡ አሕዛብ ፡ ሰብ ፡ ሞአ ፡ ዘይ
መስሎሙ ፡ በኃይሎሙ ፡ ወኢየአኩቱ ፡ እግዚአብሔርሃ ፡
ወኢየአምሩ ፡ ከመ ፡ መዊዕ ፡ ወተመውአ ፡ በኃይለ ፡ እ
ግዚአብሔር ፡ ወበዕለተ ፡ በዓተ ፡ ጸም ፡ አስተፋነዎሙ ፡ ለ
ኩሎሙ ፡ በበብሔሮሙ ፡ ወይቤሎሙ ፡ እከ ፡ ከመ ፡ ታዕ
ርፉ ፡ ከመ ፡ ትንሥኡ ፡ ስንቀ ፡ ወትብጽሑ ፡ በዕለተ ፡ ጸ
ዋዕናክሙ ፡ ወካዕበ ፡ ይቤሎሙ ፡ ለከሙ ፡ እስመ ፡ አበዕ
ሐክሙ ፡ ጎብ ፡ ትረክቡ ፡ ረብኅ ፡ እስመ ፡ ኢረበብክሙ ፡
ንዋየ ፡ አላ ፡ መዊአ ፡ አጽራሬ ፡ እግዚእነ ፡ በዘመጻ ፡ ሴ
ሜን ፡ ወበዛቲ ፡ ተስፉ ፡ ሐሩ ፡ በፍሥሓ ፡ አኬ ፡ ጥበቡ ፡
ከመ ፡ ጥበበ ፡ ሰሎሞን ፡ ሰብ ፡ አእመረ ፡ ከመ ፡ ይጸል
ዑ ፡ ጻግማየ ፡ ዘመጻ ፡ አሰፈዎሙ ፡ ከመ ፡ ይረክቡ ፡ እ
ልህምተ ፡ በዘመጻህዎሙ ፡ ወአግብርተ ፡ ወብዙኅ ፡ ንዋየ ፡
ወባሕቱ ፡ ኢኮነ ፡ ሐሰተ ፡ አሰፍዋቱ ፡ ከመ ፡ ሐሳውያን ፡
እስመ ፡ ረከብ ፡ (fol. 171 rᵒ, col. 1) አልሀምተ ፡ ወአባግ
ዕ ፡ አግብርተ ፡ ወአእማተ ፡ በከመ ፡ ናየድዕ ፡ ወበጻግም ፡
ሱብኤ ፡ ጸም ፡ ፈነወ ፡ ቃለ ፡ ሐጌ ፡ ጎብ ፡ ኩሉ ፡ ጨ
ዋ ፡ ወጎብ ፡ ኩሉ ፡ ቅሩብን ፡ ከመ ፡ ይብጽሑ ፡ ጎብ ፡
ሀሎ ፡ በሰሙን ፡ ዘይመጽእ ፡

LA GUERRE

DE

SARṢA-DĔNGĒL

CONTRE LES FALACHAS

II

TRADUCTION FRANÇAISE[*]

(*Fol.* 159 *v°, col. II.*) Ayant exécuté tout cela, il y hiverna. En ce mois d'hiver, éclata une maladie dans le camp; beaucoup de monde moururent de cette maladie. Le roi avait d'abord l'intention de faire, aussitôt après l'hiver, une expédition contre les Gallas depuis Angot[1] jusqu'à Gĕdĕm, Ifat, Fatagar[2] et Dawâro. Il avait formé et affermi ce projet avec tous les chefs de partout lorsqu'il les renvoya chacun dans son pays; mais, comme Dieu le dit : cette fois, ma pensée n'est pas comme votre pensée et mes intentions ne sont pas comme vos inten-

---

[*] Les notes qui accompagnent cette traduction se bornent à la correction des fautes typographiques du texte précédent, d'après la copie que j'en possède, car l'original m'est inaccessible. J'y ai ajouté quelques variantes du texte d'Oxford qui me furent communiquées par des amis dont le précieux concours m'a beaucoup obligé; qu'ils reçoivent ici mes sincères remerciements.

1. *Angot* pour *Anhaq.*
2. *Fatagar* pour *Fatagar.*

tions. Nous disons cela, parce que c'est à lui[1] qui dirige les êtres du monde, qu'appartient la direction[2] que prit le roi, après que l'hiver fut passé, vers les Falachas et que l'expédition contre les Gallas fut ajournée.

Faisons connaître ici la cause de cette décision. Une lettre arriva qui annonça que Radâi cessa de payer le tribut promis au roi, lorsqu'il était à Gubaê (en disant:) J'enverrai mon tribut, beaucoup de blé, des têtes de bœufs et des moutons tout autant, mais de tout cela il n'a rien donné. Lorsque le roi eut entendu cela, son cœur brûla comme le feu et il conçut alors le projet de combattre les Falachas et re (*fol.* 160 *v°, col. I*) nonça à combattre les Gallas. Il convoqua toute l'armée et les chefs du Tigrê au délai fixé. A ce propos il disait : Il vaut mieux que je lutte contre ceux qui sont coupables du sang[3] de Notre-Seigneur Jésus-Christ que d'aller combattre les Gallas. Il conçut ce projet dans le mois d'hiver.

Revenons à l'histoire de ce roi fidèle à Dieu. Lorsque des gens[4] de la maison de ʿAsbê et de Za-Pĕraqlitos moururent de cette maladie, ils furent pris d'une grande terreur, puis ils se présentèrent devant le roi et lui dirent : Des gens de notre maison sont morts, maintenant nous craignons pour nous-mêmes. Seigneur[5], fais-nous sortir[6] de ce camp et établis-nous[7] dans un endroit où cette mauvaise maladie n'existe pas. Ce roi fidèle prit la parole et leur dit : Vous[8] qui connaissez les Écritures, comment êtes-vous devenus comme des fous sans[9] cœur[10] (intelligence)? Cette maladie n'a pas été comman-

---

1. *ziahu*, O(xford). *bafaqâda ziahu*, « par sa volonté ».
2. *mĕrâda* pour *marâda*.
3. *damû* pour *damô*.
4. *sabĕa*, O. *bĕzukhân sabĕa*, « beaucoup de monde ».
5. *ĕgziĕna*, O. *oĕgziĕna*.
6. *awṣĕûna* pour *awṣĕana*.
7. *waanbĕruna* pour *waanbĕrana*.
8. O. *antĕmu*.
9. *zaalbomu*, O. *ĕla albomu*.
10. *lĕb*, O. *lĕbunâ*, « intelligence ».

dée contre les lettrés, mais contre les Wadala (inso-
lents)[1] et ceux qui leur ressemblent. Il ne[2] les a cepen-
dant pas retenus dans le katama (campement), mais[3],
s'apitoyant sur leur terreur, il les envoya dans les
champs en les pourvoyant de tout ce dont ils avaient
besoin. Quant à lui, après avoir fait le *Tazkâr* de Abba
Takla Haïmanot, il quitta le lieu de son hivernage et
arriva à Gubaê (*col. II*) le 5 Maskaram, jour de la mort
du roi juste Lĕbna Dĕngĕl, que la paix soit sur lui! Et
dans cet endroit il acheva les jours d'hiver de Mas-
karam.

De là il partit mercredi, le 13 Tĕqĕmt; (il partit de là,
et, en faisant quatre jours de marche, il se dirigea vers
Samên et se reposa le dimanche à Kosogê[4], et lundi,
21 Tĕqĕmt, il partit de là et dans quatre jours de marche,
par la route de Guêzo, nous arrivâmes aux confins de
Waggara et de Šĕwâda le mardi[5] (ou) jeudi, le 25 Tĕqĕmt,
puis nous y fîmes un sĕfrâ (stationnement) et on y
dressa un dabana (tente royale). Ce jour-là descendirent
à Šĕwâda beaucoup de piétons et de cavaliers[6] et enle-
vèrent beaucoup de bœufs appartenant à des musulmans
et à des chrétiens qui retournèrent du christianisme au
judaïsme. Ceux-ci firent dire au roi : Nous sommes venus
auprès de notre seigneur avec nos femmes, nos enfants,
nos bestiaux. Leurs biens étaient auparavant dans le
pays gouverné par Radâï, et, par la volonté de Dieu, la
venue de ceux-là coïncidait avec la descente de ces braves,
afin que[7] la bonté de notre seigneur se reconnaisse par le
retour des biens de ces (gens), après avoir été pillés.
Ce jour-là il fut aussi distribué (?) diverses sortes de

---

1. wadalá, O. abĕdân.
2. Après ako, O. donne : *maftĕw zĕntu hĕlinâ yĕĕrag wĕsta lĕbhĕmu.
Zantani bĕhilo iyĕtramam*, « il ne convient pas qu'une pareille pensée
entre dans votre cœur. En parlant ainsi, il ne tenait pas à les laisser, etc. ».
3. *allâ* pour *alla*.
4. *kosogê* pour *kosagê*.
5. Manque dans O.
6. *maslatzá‘ĕnâna* pour *maslatzĕnâna*.
7. O. *kama*.

céréales, mais ils refusèrent d'accepter du dagussâ et d'autre produit semblable, sinon du blé et de bonne denrée telle que celle qui leur fut pillée (*fol.* 161 *r*, *col. I*); il leur fit restituer d'autres biens à la place de ceux qu'on leur avait enlevés. Il n'hésita pas (à agir ainsi) en disant : Que cela me fait si mes troupes chrétiennes ont enlevé les biens des musulmans et des Falachas! Oh! que cette bonté qui ressemble à la bonté de Notre-Seigneur Jésus-Christ, qui fait lever le soleil sur les bons et les méchants et fait pleuvoir sur les justes et les injustes.

Le lendemain, vendredi, aussi nous y sommes restés. Il expédia l'azadj Ḥalibo pour aplanir la route et combler toutes les fondrières, car les Falachas avaient, quelques jours avant, détruit la route, afin de la rendre impraticable aux mulets et aux chevaux; et ce jour-là l'azadj Ḥalibo répara les endroits mauvais et les aspérités et en fit une chaussée droite. Le lendemain il se leva le matin et fit une route dans la direction de Lawârê (? var. Larawi[1]) et la mesura au cordeau (?); depuis lors, aucun homme ni aucun animal ne trébucha et ne glissa sur cette route, parce que la main droite du Seigneur protégea la route de ce roi.

Le samedi, nous restâmes où nous campions le jour passé. Quant à Kalêf, le frère de Radâï, il se mit à brûler[2] par le feu les maisons avec tout ce qu'il y avait, ainsi que les céréales[3] qu'il y avait dans les champs, car la moisson blanchissait et tombait en cette saison; il brûla même les gerbes (?) accumulées, sans aucun ménagement. Il agit ainsi (*col. II*), parce qu'il lui paraissait[4] que le roi s'en irait lorsque les provisions[5] viendraient à lui manquer; il ne savait pas que le jugement de Dieu était contre lui.

1. *Larawi* pour *Larwé.*
2. *yáwᶜi* pour *yáwaᶜi.*
3. *waĕkla* pour *waĕkĕl.*
4. *masalo*, O. *yĕmasĕlo.*
5. *ĕkla* pour *ĕkĕl*, O. *sisáya.*

Quant à nous, lorsque nous vîmes la ville ornée[1] de tous côtés de la verdure des semences et du produit de la moisson, nous fûmes poussés à l'aimer et nous voulûmes y rester, ainsi que dit Pierre au Seigneur Jésus sur le mont Tabor : Il serait bon que nous restions ici.

N'oublions pas le récit de la parole de Radâî, qui prophétisa lorsque Harbo arriva. Et celui-ci, étant dadjân, envoya sa troupe de guerriers exercés auprès des Šĕvâda, auxquels les soldats du roi avaient fait la distribution (?). Le fleuve qui se trouvait au milieu, personne ne pouvait[2] le traverser. Alors, il envoya des paroles injurieuses à Harbo, en disant : Brave Azmatch Harbo, regarde devant toi la terre d'héritage, abondant en lait et en miel, hâte-toi donc d'arriver et ne sois pas lent pour en prendre possession et te partager[3] ses campagnes. Harbo se tut et ne répondit rien, mais se confia (?) en celui qui juge avec justice[4]. Ses troupes, en combattant ce jour-là, les Falachas[5], les vainquirent (et les poursuivirent jusqu'à)[6] la déclivité, mais il ne périt d'entre eux qu'un seul des grands du peuple. Après ces événements, Harbo retourna à son poste en paix.

Profondément blessé par cette injure, le roi puissant Malak Sagad vint à Sa (*fol. 161 v°, col. I*) mên. Cette venue semblait dire à Radâî : Tu as mandé à Arbo qu'il vienne auprès de toi, je suis venu à sa place pour m'emparer[7] de ton territoire; ce que tu n'as pas cherché, tu l'as trouvé, et (moi) que tu n'as pas appelé, je t'ai répondu; c'est ainsi qu'il dit[8], et toute la terre s'agita de sa terreur comme il a été dit : J'ai fait remuer la terre et

---

1. *šĕrgula*, O. *ĕnza šĕrgula*.
2. *zayĕkĕl*, O. *zatahabala*, « n'osait ».
3. *watĕlkâfal* pour *watĕlkafal*.
4. *lazayĕhuanĕn* pour *lazyĕkuéṗĕn*.
5. O. *lašarâwila ḫarbo wadéganwomu*.
6. *ĕlkâfal* pour *ĕlkafal*.
7. O. *zanta yĕmasĕl mĕṣĕala ĕyziĕna khaba falašá*, « cela ressemble à la venue de Notre-Seigneur auprès des Falachas ».

elle s'agita. Partis le lundi de Ṣaroṣa, nous arrivâmes près du camp de Kalêf[1] le mardi[2]. Quelques personnes descendirent au (?)[3] Qola, sans qu'il leur eût donné l'ordre, il leur fit voir des boucliers et des lances, il en fit venir chez eux et eux en firent venir chez lui[4], ils eurent peur[5] les uns et les autres et construisirent un campement en face, après avoir distribué des provisions; mais cette nuit aucun Falacha n'osa s'approcher d'eux pour les molester, car la majesté redoutable du roi les suivit et son ange veillait autour d'eux.

Tout cela se passa le 29 Ṭĕqĕmt. Le sĕfrâ du roi était dagĕʻa[6] et très froid; le lendemain mercredi, le roi descendit d'en haut en bas pour attaquer Kalêf et laissa à Sobrâ Dobʻâ Šĕlṭân, ainsi que Sawiros, avec beaucoup de chevaux et de fusils. Les gens de bouclier du roi construisirent un katama là où les hommes bivouaquaient la veille.

Ceci se passa le 30[7] Ḥedar. La route fut ce jour-là en trois[8] sections (*col. II*). Contre ceux qui marchaient sur la troisième route s'élevèrent les Falachas, parce qu'ils savaient que ce roi vainqueur n'était pas là et qu'ils marchaient sur une autre[9] route. Fiktor, fils de l'azadj Fanuel, les vainquit[10] et tua beaucoup de monde parmi eux. Il donna au roi 20 tchabtchabo[11]; c'est la première victoire de notre seigneur et le commencement de la défaite des Falachas. Il passa cette nuit jusqu'à jeudi matin sans donner le sommeil à ses yeux ni l'assoupissement à ses paupières, en méditant et en

---

1. Mettre partout *kalêf* au lieu de *kalif*.
2. O. *safarna baśalus khaba*, « nous campions le mardi tout près, etc. ».
3. *ĕmqola*, O. *qola*.
4. O. *iḱoru khabêhomu*, « n'allèrent pas chez eux ».
5. *walafarhu* pour *walafârhu*.
6. O. *mĕdra Dagĕʻa*.
7. O. xx.
8. O. ı.
9. *kalĕĕt*, O. *kalĕĕ*.
10. *taḥáyalomu*, O. *taḥáyala lâʻĕlĕhomu*.
11. « Tête avec le cou. »

réfléchissant comment il le fera descendre de la montagne[1] où il s'est abrité.

Dans cette nuit[2] de jeudi, il rangea[3] les troupes et[4] alla attaquer Kaléf; il envoya les combattants en trois colonnes[5]. Par la route inférieure marchait l'azadj Halibo avec Baḥĕr-amba, ayant au devant Dakḥragot, le nagâch Wurên de Godjam. De ce côté se trouvaient ceux qui formaient[6] l'élite des champions du roi, ceux qui ne détournaient jamais leur face des coups des lances et du tir[7] des fusils et des flèches; et il envoya ceux-ci[8] avec beaucoup de fusils selon leur tribus et leur nationalité. Quant à lui, il se plaça devant Kaléf[9], où il fut aperçu avec son armée et s'y fit placer (?). La distance qui les séparait[10] contenait sept mesures (?)[11] et quelque chose de plus, et avec cela un grand précipice infranchissable entre eux.

Il y eut un combat acharné entre les Falachas et l'armée du roi. La manière de combattre des gens de Kaléf consistait en ce qu'ils roulaient[12] des pierres (sur leurs ennemis) et les empêchaient de monter d'en bas en haut; à cause de cela, l'heure de la montée tardait[13] à venir. A 7 heures le roi donna l'ordre de tirer des canons, et (*fol. 162 r°, col. 1*) du premier coup il abattit Tzawârê Alamâ et une femme qui s'était cachée sous un arbre. Alors Kaléf et son armée furent pris de

1. O. *ĕfo yĕlzaŏĕ'o lakaléf wazahama ĕfo yâwarĕdo emmal'ĕlla dabr*, « comment il combattra Kaléf et comment il le fera descendre du haut de la montagne ».

2. O. *ĕlal*, « jour ».

3. O. *angĕha*, « il fit lever le matin ».

4. O. *waĕmĕz*, « et puis ».

5. *galzôl*, « faces, » O. *fanâwâl*, « chemins ».

6. *qerûbân* ou *quĕrbân*.

7. O. *ĕbn*, « des pierres ».

8. O. *kuĕlomu*, « tous ».

9. *galzû lakaléf* pour *galzo kalif*.

10. O. *waaqma rĕḥqĕlusa*.

11. Mesure de longueur contenant un certain nombre de coudées.

12. *yĕmargeḥu* pour *yĕmarge'u*.

13. *guandaya* pour *guandayu*.

panique, parce qu'il leur semblait que la foudre était tombée du ciel. Dobĕa Sĕljân descendit contre eux de la hauteur, car ils étaient restés en haut pour garder le défilé, de sorte que (les Falachas) se trouvaient attaqués à la fois de droite et de gauche, d'en haut et d'en bas. Quant à Kalêf, il perdit la tête, car son cœur l'égara par suite de sa grande peur, et, serré de tous les côtés, il céda et monta au-dessus d'un grand précipice avec quelques-uns de ses officiers; personne ne gravit avant lui cette (hauteur), c'est la peur qui y fit monter cet arrogant. Ceux qui restèrent de son armée [s'enfuirent[1]], de peur des canons et des guerriers de ce roi qui ressemblaient aux guerriers de David, dont la course est comparée par l'Écriture au vol de l'aigle et la force à la force du lion.

Cette fois la moitié des (Falachas) tomba par la lance, l'autre moitié se jeta[2] dans les précipices en s'enfuyant; les animaux aussi, tels que les bœufs, les chameaux, les mulets et les ânes (furent tués), et (les soldats) n'en laissèrent point de vivants, mais ils les exterminèrent, tel qu'il est dit (dans l'Écriture) : Dieu tua les premiers-nés des Égyptiens, depuis l'homme jusqu'à l'animal. Car Abba-Newâi avait proclamé sous l'anathème que (les soldats) ne laissassent[3] ni hommes, ni femmes, ni vieillards, ni enfants, ni (animaux) qui marchent sur pieds.

Un événement stupéfiant arriva alors à une femme faite prisonnière, que (son ravisseur)[4] amenait, la (*col. II*) main attachée à la sienne. Voyant qu'elle marchait sur le bord[5] d'un grand précipice, elle s'écria[6] : « O Adonâi, aide-moi ! » et se jeta dans ce précipice en entrainant l'homme qui, malgré elle, avait attaché sa main à la sienne. Qu'il

---

1. O. *tafalĵu ĕmnĕhu*, « se séparèrent de lui ».

2. *tawarwu* pour *tazarwu*, O. *bĕzkhalomu tawarwu*, « la plupart d'entre eux se jetèrent ».

3. O. *iyĕmĕhĕku*, « qu'ils ne ménageassent ».

4. O. *1 bĕĕsi*, « un homme ».

5. *batĕqáḥ* pour *batĕqaḥ*.

6. *bĕhila* pour *bâhila*.

est stupéfiant, le courage de cette femme qui n'a pas ménagé son âme[1] de la mort, plutôt que de se joindre à la communauté des chrétiens. Ce n'est pas, d'ailleurs, elle seule qui agit de la sorte, beaucoup d'autres femmes agirent de même, mais celle-ci fut la première (que j'aie vue agir ainsi). L'action de ces femmes ressemble à celle des quarante hommes parmi les juifs, commandés par Walda Korion (= l'historien Josèphe), qui jurèrent et s'entendirent de mourir ensemble en se tuant l'un l'autre, plutôt que de se rendre au gouvernement de Rome, et ils moururent en ce jour-là, et Joseph seul fut préservé par sa sagesse. C'est en quoi la mort de ces anciens et de ces modernes se ressemble, en ce qu'ils ont préféré entrer dans la mort que d'obéir à ceux qui n'ont pas la même religion qu'eux, car les juifs ne concordent pas même en une seule syllabe[2] avec les chrétiens.

Abba-Newâi avait conçu en ce jour une idée à laquelle il tenait beaucoup. Il dit : Restez (ici)[3] cette nuit pour garder les routes de tout côté, afin que cet impie (*fol.* 162 *v*[°], *col. 1*) que Dieu a condamné, ne puisse s'échapper ; mais l'armée du roi ne l'écouta pas et retourna au camp. Bahr-Amba, qui y resta la nuit[4], avait pris une route proche de la sienne ; il ignorait que Kalêf passait tout près de lui, car (l'heure)[5] d'être pris[6] n'était pas arrivée comme celle de Radâï, son frère, et le jour de son être tué comme celle de la tuerie de ses compagnons. Puis, il se reposa près de son sëfrâ le mercredi, et le second (?) jour de mercredi ils fit un *guézo*[7] de ce camp, et en sortant il fit de l'aqab un sëfrâ.

Quant à Kalêf, après avoir échappé[8] à la mort, son

---

1. *mĕhĕkal* pour *mĕhĕqal*.

2. *khurmala* pour *khurmâla*, O. *mĕsla samárâwyán watyĕdémaru mĕsla*, « avec les Samaritains et ne se réunissent pas avec les Chrétiens ».

3. O. *zĕya huĕlkĕmu*, « ici vous tous ».

4. *lĕlila* pour *ĕlala*. O. n'a pas *fanola*.

5. O. *gizé*.

6. *laĕkhzalu* pour *laĕkhzalu*.

7. O. *guĕĕzo*.

8. O. *amśala*.

cœur fut dissipé et il devint comme un fou[1], car il ne savait pas où aller, ainsi qu'il a été dit au sujet de l'homme qui marche dans les ténèbres. Le roi fortifia le katama en ce lieu pendant deux semaines, et là il se rencontra avec le šum Takla Giorgis et Abeto Yohannĕs et le šum de Sirê Takla Sĕlus et avec tous les šums de Tigrê.

Le jour de son arrivée à ce sĕfrâ, le roi donna l'ordre de couper les pieds des bœufs, des chameaux qu'il avait dans la ville, afin qu'il n'empêchent pas les combattants étant trop serrés à la bataille, pendant que les Falachas se soulevèrent a Guĕzo[2], car les routes de ce pays sont très étroites et tortueuses. Lorsque cet ordre fut proclamé, les soldats égorgèrent et jugulèrent (?)[3] presque tout, depuis le mesgat jusqu'à l'ânesse (?). En regardant faire son cœur doux (*col. II*) naturel s'en émut et il fit dire à l'azadj d'arrêter l'égorgement des bœufs, lorsqu'il vit le chagrin des gens de la ville. Mais la plupart avaient déjà péri, très peu en resta, car les insensés de la ville, nommée Wadalâ, ont hâté l'égorgement.

Après cela, il partit de là le mardi 20 Hedar et arriva à Mašaha, et Radâï, le chef de la ville, alla à sa rencontre[4] au delà du fleuve, après avoir réuni les plus habiles guerriers, tenant des boucliers deux rangs pour un ; il (se tint dans) l'un de ceux-là. Le roi se plaça en face de lui et envoya la moitié des guerriers à l'endroit où se tenaient les combattants des Falachas, dans un autre rang. Quant à lui, il expédia en avant les meilleurs hommes de guerre parmi les fusiliers et les porteurs de bouclier, et tua beaucoup de ses guerriers. Lorsque Radâï vit cela, il fut saisi d'épouvante et de tremblement et prit la fuite vers la route de la déclivité. Ceux qui étaient postés dans l'autre champ reculèrent de la crainte de ces guerriers qui les combattaient et

1. *abĕd* pour *abdu.*
2. O. *guĕ ͑ ĕzo.*
3. *wayaḥardu* pour *wadakhdar.*
4. O. *waṣanḥomu,* « et l'attendit ».

s'en allèrent auprès de leur seigneur et s'enfuirent en arrière, se dirigeant vers l'amba de Radâï.

Ce jour-là, le šum Takla Giorgis campa après avoir traversé le fleuve; le jour suivant, le roi partit en traversant le fleuve, il arriva au katama du šum Takla Giorgis; le lendemain jeudi, nous restâmes en place, et le lendemain vendredi, il partit de là sans avoir terminé la déclivité, le 23 Hĕdar. Le lendemain (*fol. 163 r°, col. I*), le samedi juif, il donna mission au šum de Tigrŭ d'aller par la route inférieure et de l'attendre dans la proximité (?) de l'ambâ de Radâï. Le (roi) vainqueur prit la route supérieure, et à la fin de ce 'aqab nous le trouvâmes (Radâï) faisant Kob (?) pour l'attaquer, en s'abritant et en empêchant la marche des guerriers, mais la peur lui fit négliger la garde de ce poste, car le souvenir de la victoire (du roi) de mardi l'avait terrifié.

Ayant traversé ce défilé étroit, nous marchâmes un peu et nous couchâmes dans un lieu vaste. Le lendemain, le sabbat des chrétiens, nous y fîmes halte. Ce fut le 25 Hĕdar, qui est le premier kanoun; c'est le jour de la mort de la grande reine Sĕblâ Wangĕl, qui aimait la prière et le jeûne, craignant le Seigneur et aimant les hommes; que son âme soit reçue dans le règne des cieux avec les âmes de ceux qui reposèrent dans la foi.

Le 27 du même mois, qui était un lundi, il partit de ce sĕfra, et ayant voyagé un peu, il arriva près de l'amba de Radâï le 27, et ils virent la déclivité; le cœur des guerriers trembla, parce qu'ils se rappelèrent la destruction des braves compagnons de l'azmatch Iĕsĕḥaq dans la proximité de cet ambâ, et ayant terminé cette octave le lundi 7 Taḥsas, qui est le jour où Notre-Dame Marie vint dans le tem (*col. II*) ple, le roi sortit et se tint au bout de la déclivité, divisa les combattants en trois colonnes et mit à leur tête trois grands chefs, qui sont Abba Newâï, Yonaêl et Dakḥragot. Il commanda[1] à

---

1. *azazo* pour *azaza*.

Abba Newâî de prendre la montée de la déclivité par la route tortueuse et étroite; il commanda[1] à Yonaêl de marcher sur (la route) du milieu, et à Daḫragot il commanda[2] d'aller par la route inférieure où étaient tombés les compagnons de Iĕsĕḫaq, et, sur toutes les trois routes la bataille fut forte, (spécialement) sur la route où se trouvait Dakḫragot, car Radâî y avait placé dans un chemin étroit des guerriers expérimentés pour empêcher les assaillants, mais l'aide victorieuse de Dieu, qui demeurait sur ce roi, les vainquit, Il en tua la plus grande partie et paralysa (?) l'élite des Falachas. Sur la route du milieu et sur celle d'en bas, les troupes, selon leurs divisions de peuples, étant descendues (?), se rangèrent en face de cet amba et firent un katama et demeurèrent ensemble. Abba Newâî, qui marcha dans la direction de la déclivité du précipice, se logea[3] dans l'intérieur d'une grotte, au milieu du précipice, qui est vue avec l'amba. L'armée de Yonâel et de Dakḫragot ne laissa vivants ni les mulets, ni les chevaux, ni les ânes, ni aucun autre animal qu'ils ont trouvé dans le butin, car Abba Newâî avait proclamé par anathème de ne rien ménager du butin, mais de les tuer[4], ainsi que nous avons écrit plus haut.

Et en ce jour de lundi, lorsqu'ils virent ceux de Daḫragot, les troupes du šum Takla Giorgis et tous les šums de Tigrê se concertèrent et descendirent de leur katama, tenant (*fol. 163 v°, col. I*) l'arc et bouclier, et arrivèrent près de l'amba. Alors descendirent contre eux les guerriers des Falachas et repoussèrent les gens du Tigrê et les poursuivirent jusqu'au milieu de la déclivité, car ils avaient fait leur katama cette fois dans un endroit élevé qui ressemblait à un amba. Mais pas un d'entre eux ne périt.

Le lendemain mardi, le 4 du mois de Taḫsas, le roi

1. *azazo* pour *azaza*.
2. *azazo* pour *azaza*.
3. O. *iwarada tâḫta allâ,* « ne descendit pas en bas, mais ».
4. O. *ĕmsabĕ' eška ĕnsĕso,* « depuis l'homme jusqu'à la bête ».

se leva en rugissant comme un lion et descendit où son armée était campée et, en suivant leurs traces, et, étant passé d'environ le lieu où marchait Dakhragot, il y dressa le dabana. Et lorsque le vit ce juif soulevé contre le seigneur et contre son oint, la peur et le tremblement descendirent sur lui, à tel point qu'il s'exclama en ouvrant la bouche, et dit : Voici, celui-ci veut faire avec moi comme il a fait avec mon frère Kalêf, car son âme intelligente comprit qu'il lui arrivera ce qui était arrivé à l'autre. Ce Kalêf prophétisa autrefois, quand (Radaï)[1] proféra contre lui des paroles injurieuses relativement à sa défaite, en disant : Il a été vaincu dans cet amba parce qu'il l'a voulu[2]; autrement, les guerriers les plus braves n'auraient pas pu y monter, il les a donc laissés[3] venir auprès de lui; quand il vit qu'ils tremblaient et ne pensaient pas à monter, Kalêf prit la parole et dit : Il ne manquera pas d'arriver à lui ce qui est arrivé à moi. Lorsqu'il verra la terrible colère du roi, il jugera ma défaite. Cette parole prophétique sortit de la bouche de Kalêf et elle fut accomplie à son heure.

Le soir de mardi au matin de mercredi, il conçut (*col. II*) un projet de peur, de quitter le refuge où il s'était abrité et renonça de combattre le roi, car l'esprit de crainte posséda son cœur. Alors il se leva en cette nuit où il se rendit à Abba Newâï, s'en alla avec sa femme et ses enfants et quelques compagnons en qui il avait confiance[4] et ils entrèrent dans l'intérieur d'une grotte qui était au-dessus du précipice où personne ne monta auparavant et dispersa ses guerriers de tous les côtés, afin qu'ils fussent soustraits à la colère du roi ; puis, il envoya deux messagers pour dire à l'Abba : Jure-moi par ton Évangile que tu m'obtiendras la miséricorde devant le roi et que tu ne me molesteras pas. Et étant pos-

---

1. O. *zĕntu Radăī.*

2. *baaĕmro* pour *zaamro.*

3. *khadagomu* pour *khĕdĕgusa,* « à plus forte raison, » qui convient peu au contexte.

4. *zayaamnomu* pour *zayaamromu* (?).

tés de loin, ils appelèrent et dirent : Nous avons à te faire une communication, envoie-nous (des gens) pour nous recevoir ; il leur envoya cinq personnes pour les recevoir. En arrivant ils lui firent la communication ; Abba Newâï leur dit : Dites lui : Comment te croirai-je ? autrefois tu as dit qu'Abba Newâï vienne pour que je lui dise ce qu'il y a dans mon cœur ; en parlant ainsi tu m'as fait descendre de mon katama et tu m'as trompé, et tu as refusé de venir me trouver ; je ne te crois plus à cause de cela. Maintenant jure-moi par ton Pentateuque et je jurerai par mon Évangile, et ayant fait ainsi, il dit : « Conclu ! » et avec les messagers il envoya cinq hommes pour apporter sa réponse et le sceau de la parole qu'il dira, maintenant qu'il se tienne au serment, car tout se passe par serment.

Alors il envoya la nouvelle au roi, en disant : (Voici) ta nouvelle, ô roi, Dieu a livré ce Falacha entre tes mains. Ayant entendu cela, le roi ne s'est pas glorifié comme les païens et ne désespérait[1] pas, comme les insensés si un chagrin leur arrivait, car il savait que c'est dans les vicissitudes de l'œuvre de ce (*fol. 164 r°, col. I*) monde corporel que le Très-Haut manifeste sa main, car il est écrit ceci : un temps pour le chagrin et un temps pour la joie, un temps pour la victoire et un temps pour la défaite. Mais il rendit grâces à Dieu, en disant : Louange à Dieu qui élève les hommes [justes] et qui jette les méchants de leurs sièges.

Quant à Radâï il conçut un projet fort et une œuvre de sage : Il s'est dit : Il vaut mieux servir ce roi vainqueur des vainqueurs que de résister à celui avec qui même une armée pourvue de fusils et de canons ne peut entrer en lutte. En ce qu'il a dit il n'a pas menti. Il vint auprès de Newâï à l'aube du jour de mercredi, et avec cela il se confia à la pitié de ce roi clément et miséricordieux, comme les pécheurs se confient à la pitié de Notre-Seigneur Jésus, qui dit : Je ne suis pas venu pour (appeler) les justes, mais pour appeler les pécheurs à la pénitence.

1. *lasfâ* pour *lasěf*.

Occupons-nous ici d'Abba Newaï. C'était un moine qui n'avait pas appris la stratégie ; voici qu'il dépassait les guerriers en s'engageant dans la bataille et ne reculait pas de la crainte de l'épée et de la lance. Regardez donc la bravoure de ce moine, qui ne connaissant autre chose que le travail de la main qu'exercent les moines pauvres, a vaincu néanmoins les habiles de guerre qui ont appris à guerroyer depuis leur enfance. Étonnante est l'œuvre du Seigneur, qui fortifie les faibles et affaiblit les forts, ainsi que dit David dans le psaume cxxiv : Béni sois, Seigneur mon Dieu, qui as appris la lutte à mes mains et la guerre à mes doigts.

Notre roi-guerrier resta cette nuit en faisant entourer l'amba de tous les côtés (*col. II*), et au point du jour, il y monta et n'y trouva pas un seul qui lui fît opposition. De grosses pierres, qui étaient posées[1] autour de cet amba, afin de les rouler[2] l'une après l'autre au moment du combat. Quelques-unes ont été placées au temps du roi Ba'ĕda [Maryâm]; d'autres ont été placées au temps du roi Eskĕndĕr et du roi Naod, que la paix soit sur eux et que le Seigneur les prenne en pitié et miséricorde. La façon de ces pierres est ainsi : On les a lissées comme un tympan (?)[3] et on les a placées dans tous les coins ; l'une fut appelée « lumière, » l'autre fut appelée *Habĕk*[4], et la troisième *Bawâ* ; il y en a encore d'autres dont nous ignorons les noms. Tout cet honneur fut fait à ces pierres, parce qu'ils se confiaient en elles en abandonnant Dieu qui, s'il menace les montagnes, elles fument, et qui renverse les montagnes puissantes. Et lorsque (le roi) monta vers ses impies, ils les poussèrent encore plus fortement avec leurs doigts pour les faire rouler, parce qu'ils se hâtaient de s'en aller par tous les chemins, en prenant la fuite. Et lorsque l'armée du roi monta sur cette montagne, ils ne trouvèrent rien que des épées et des selatiu (lances de longueur moyenne).

---

1. *yĕsayĕmwomu* pour *yĕsamaiwomu*.
2. *yámargebĕwomu* pour *yĕmargĕhĕwo*.
3. O. *karabo*.
4. O. *Hasab*.

Quant à Abba Newâï, lorsque Radâï vint auprès de lui, il l'amena auprès du roi, (Radâï[1] ayant jeté de la cendre sur la tête,) et le plaça devant le saqala, dans la honte et l'opprobre. Ensuite, tous les hommes du katama, grands et petits, hommes et femmes (poussèrent des cris), car c'est ainsi (*fol. 164 v°, col. I*) qu'ils ont l'habitude de pousser des cris de joie en l'honneur du vainqueur. Mais ce roi messianique ne s'est pas glorifié de cela, comme les fous qui se glorifient de leur force et se vantent de leurs grandes richesses, mais il donna louange à son créateur, en disant : Cela est arrivé par la puissance de mon Seigneur Jésus-Christ.

Ensuite il dit à Radâï : Ne crains pas qu'il t'arrive comme tu l'as cru, mais fais attention que tu ne pèches pas une autre fois, et alors il t'arrivera quelque chose de pire. Il fit venir sa femme, ses biens et ses enfants, et Abba Newâï les lui rendit. On ne trouva pas de richesses, mais un petit nombre de vêtements, car ce n'était pas un amasseur de richesses, mais un laboureur de terre qui mangeait son pain à la sueur de son front.

Vendredi, le 6 Taḫsas, Abba Nawâï monta à l'amba supérieur, en y portant un dabana avec le Tabot de Jésus et les vases sacrés avec lesquels on fait le sacrifice de la messe; il amena aussi les prêtres de l'église, les chantres ordonnés pour faire le sacrifice, comme les enfants d'Aaron, et fit monter le sacrifice (donner la communion). Le but de l'acte d'y administrer le sacrifice fut pour sanctifier ce lieu contaminé par les porcs des champs et brouté par les bêtes de la campagne.

Le jour de dimanche, le roi monta sur cette montagne avec beaucoup de soldats et entra dans cette église pour offrir un sacrifice de glorification au Seigneur (*col. II*) dans le lieu où l'on n'invoquait pas le nom de Notre-Dame Marie; il fit le sacrifice du corps (= la communion), et du sang du Fils de Dieu, qui a été fait homme, du Saint-Esprit et de la Sainte-Vierge. Le second but fut la

---

1. *Radîâ* pour *baëdéhu* (?).

propagation de l'événement pour que l'histoire se répande à la génération à venir, que les pères le racontent à leurs enfants et aux enfants de leurs enfants, afin qu'ils mettent leur confiance en le Seigneur et qu'ils n'oublient pas les œuvres du Seigneur et ses prodiges, qui furent faits dans cet ambâ; et, en ce jour, 'Asbê administra l'encens *mugar*, en rappelant la victoire du roi et la défaite du Juif. C'est l'usage des prêtres de l'Éthiopie de chanter dans l'église des cantiques d'homélies (édifiants), en commémorant l'excellence du roi de chaque époque.

Après la fin de la messe, il sortit de l'église et entra dans la tente qu'il avait dressée pour lui et fit un grand festin et un abondant banquet, auquel il invita d'une part les azadj et les chefs, d'autre part il invita les jeunes officiers (*bĕlaténotch*) de l'intérieur; il leur fit apporter tout et ne leur laissa manquer rien de ce qu'ils désiraient[1]. Ce fut une grande joie, et les prêtres disaient: C'est le jour que Dieu a fait, réjouissons-nous et soyons en allégresse en lui. A 9 heures il descendit de la montagne et alors les restants de l'armée le reçurent en tirant des coups de fusils et de canons, selon l'usage des Francs et des Turcs; ils passèrent cette journée dans une grande allégresse.

Deux semaines se passèrent dans ce sĕfrà, et pendant cet arrêt, les gens du katama disaient : Radâï nous échappera (*fol.* 165 *v°, col. I*) et s'en ira auprès de son peuple; il vaut mieux le mettre en prison, et lorsque nous quitterons le Samên et que nous arriverons à Gubââ, nous le relâcherons. Alors ils lui mirent des chaines de fer, et cet emprisonnement n'était pas fait en vue de lui faire du mal, mais dans le but que la ville ne fût pas troublée et que l'impie ne soit pas roi comme c'est son habitude.

Maintenant nous ferons connaitre la fin de l'affaire de

---

1. O. *waastayomu bĕzukha wayna bayĕĕti ʿĕlat*, « et il leur donna beaucoup de vin à boire en ce jour ».

ces pierres que nous avons mentionnées. Le jour où ils montèrent à l'amba, (les Falachas) poussèrent une d'elles, la plus grande, et lorsqu'ils l'eurent roulée, elle descendit jusqu'au bas en broyant tout ce qu'elle trouva devant elle; et en cessant de rouler elle entra dans l'intérieur de la terre, en profondeur de deux coudées, à cause de son grand poids. On croyait donc que lorsqu'elle rencontrait un homme, celui-ci aurait laissé sa chair et ses os; on n'en a cependant rien trouvé. Gloire à Notre-Seigneur Jésus-Christ, qui a protégé les chrétiens et qui n'a laissé périr aucun homme par ces pierres.

Maintenant décrivons le don que le Seigneur a fait à ce roi, non après beaucoup d'années et de jours, mais dans un seul jour, par la terreur de sa colère (et) sans combat, comme il a été dit au sujet du Seigneur : Il regarde la terre et fait qu'elle tremble et fume. La grâce de Dieu qui demeura sur ce roi aimant le Seigneur, a rendu tremblants et angoissés Radâï et les siens, à tel point qu'ils ont abandonné l'amba où ils s'étaient abrités et se sont dispersés sur plusieurs routes, avant de vaincre les braves (comme ceux?) qui s'étaient levés successivement dans leur temps, (et) se montraient faibles et petits. Vespasien et son fils Titus assiégèrent Jérusalam ; ils campèrent au dehors des murs pendant trois ans, en l'entourant de tous les côtés ; à la fin de trois ans il réussirent à brûler le temple, après avoir détruit trois murs d'enceinte. Parmi les juifs, les plus braves furent tués et la plupart en furent faits captifs, et depuis lors jusqu'à présent, leur souvenir a été effacé; ceux qui ont échappé au massacre et à la captivité ont été[1] dispersés dans tous les pays. Toutes ces victoires des Romains ont duré des années.

Marqos, l'azmâtch de Bagêmĕdĕr[2] dans le temps, a été témoin du fait et puissant en autorité au temps du roi Ba'ĕda Mâryâm, où étaient les Falachas dont nous écri-

---

1. O. *konu khĕśurána wa*, « furent vilipendés et ».
2. *Bagêmĕdĕr* pour *Bégamĕdĕr.*

vons l'histoire. Ce Marqos que nous venons de mentionner vint et campa au pied de leur ambâ pendant sept ans; puis il les vainquit avec beaucoup de peine (?) et de ruse et les livra dans sa main et s'empara de toutes leurs villes. Puis l'idée lui vint, en disant : Comment puis-je donner la foi[1] à ces maudits, qui irritent toujours le Saint-Esprit par leurs œuvres; plutôt que de les laisser en vie, il vaut mieux les exterminer. En disant cela, il ordonna que le crieur public criât et proclamât, en disant : Tout Falacha doit venir à l'endroit que je lui indiquerai, celui qui n'y viendra pas, sa maison sera pillée et son bien sera mis à sac. Puis, tous les Falachas s'assemblèrent autour le mekuĕnĕn de Marqos, et ce fut une grande assemblée ; puis, il ordonna à ses compagnons de leur couper le cou avec l'épée[2], au point que leur sang coula et que leurs cadavres emplirent la campagne ; alors fut accomplie la parole ironique que leurs pères avaient prononcée au jour du crucifiement de Notre-Seigneur, en disant : Que son sang soit sur nous et sur nos enfants.

Le fait suivant arriva il y a peu de temps : Esdĕmur, le lieutenant (*fol.* 165 *v°*, *col. I*) de l'armée d'Ebn-Atman, se posta avec son armée près d'un ambà qui est situé dans le pays de Zabid, et les gens de cet ambâ avaient fait du tort à Ebn Atmân en ces jours; c'est pourquoi il vint auprès d'eux et construisit une ville près de leur ambâ, et il resta huit ans en combattant avec eux, et à la fin de ces années et de ces jours il les vainquit et les soumit et leur imposa un tribut. Cette victoire a demandé un si long temps a (néanmoins) émerveillé tous ceux qui l'ont vue et entendu (raconter). Nous aussi, nous rivaliserons en disant : Un miracle est la victoire de ce roi Malak Sagad, qui n'y a pas mis trois ans comme Titus, ni sept ans comme Mar-

---

1. C'est-à-dire accorder l'amân ou le pardon.

2. O. *waĕmĕz qatalwomu lakuĕlomu ĕnbala yâlrafu ʿabiya wanĕusa*, « puis ils les tuèrent tous sans avoir laissé (en vie) grands et petits ».

qos[1], ni huit ans comme Esdĕmĕr, mais (l'a gagnée) dans un jour où lui vint en aide la main forte et les bras élevés qui ont exterminé l'armée de Sennachérib. Dieu a abaissé sous ses pieds les montagnes élevées, dont le sommet touchait au ciel, ainsi qu'il a été dit au sujet des rois de Kana'an : Les murs de leurs forteresses arrivaient jusqu'au ciel; cette parole qui a été dite au sujet de la dimension de leur hauteur, nous disons aussi au sujet de l'ambâ qui paraissait toucher au ciel.

Le 21 du mois de Taḥsâs, ce roi vainqueur partit de son katama du *sein* de la montagne pour le katama d'en haut où furent (*col. II*) les *guaz*. En ce jour il fit une grande joie avec ses parents et ses sœurs et les autres siens. Quant à sa propre joie, elle fut en la glorification de Dieu, qui fit voir un miracle par sa main.

Le 29 du mois, fête de la naissance de Notre-Seigneur Jésus-Christ, il y eut une grande joie, et le soir de ce jour il mit le wĕradj que mettent les princes et ceignit le dia-dème du sacerdoce[2] que ceignent (les prêtres) lorsqu'ils sont ordonnés. Alors il dit : Nous avons été ordonné de l'ordre de *nĕbra-ĕd* de la garde d'Aksum, au sujet du tabot du Dieu d'Israël. Donc, ô garde d'Aksum, voici que tu es arrivé au rang le plus élevé. Avant on ordon-nait des hommes humbles à cette dignité tienne, main-tenant elle est unifiée avec celle du roi, maintenant la couronne est la couronne de royauté. Puis, il alla vers le *trésor* de la chapelle du tabot de Notre-Dame Marie et dans l'église de Notre-Seigneur Jésus-Christ et leur distribua des dons, en adorant comme font les chefs laïques devant le roi, et il dit à Asbê : Prends la fonction de Nĕbrĕd à notre place de gabaza Aksum. Voici, il fut élevé plus que les chefs d'Aksum qui l'ont précédé jusqu'à ce qu'il fût à la place du roi, de même que la dignité d'Aksum fut élevée et monta jusqu'au rang de la royauté. Personne ne souleva une opposition contre cette fonction du sacerdoce, tel que Hyrcan qui rivalisait

---

1. *Marqos* pour *Marqĕs*.
2. *kĕhĕnat* pour *kĕhĕnât*.

avec Aristobule lorsque celui-ci réunit dans sa personne la dignité de la royauté et du sacerdoce; mais tous les prêtres disaient d'une seule voix : Il le mérite trois fois (?). Tout cela arriva dans le lieu où il était, en partant du premier sĕfrâ à une marche (*fol.* 166 *r°, col. I*) de deux[1] jours dans ce sĕfrâ et il fit la fête du baptême. Là il passa deux[2] semaines.

Ne négligeons pas de décrire le mauvais état de la terre de Samên. Toutes ses routes sont tortueuses et ne sont pas droites; la plupart sont des précipices; les chevaux, les mulets et les ânes n'y peuvent marcher qu'un à un et cela encore avec difficulté. Le second mal consiste dans le froid excessif, au point que les voyageurs ne peuvent y rester par suite du froid, sauf les gens du pays qui y sont habitués. Le troisième mal est la neige, qui tombe en haut et en bas en même temps, pendant que le sol est ardent au-dessous. Un jour que nous nous mettions en mouvement pour attaquer l'ambâ de Kalêf, il neigeait toute la journée[3], et lorsqu'il fit matin, nous vîmes que la région où nous nous trouvions était partout couverte de neige, et les gens du katama aussi, lorsqu'il tombait de la neige, ne pouvaient marcher dans aucune direction, ni mettre le pied au dehors. A tel point que les érudits disaient : Ce pays ressemble aux territoires d'Égypte, au sujet desquels il a été dit : Il a changé leur pluie en neige, mais la chute de neige de ce territoire est pire que celle des premiers, car dans celui-ci la neige est la pluie (ordinaire), tandis que dans les autres territoires, la chute de neige n'a duré qu'un seul jour, et cela afin de punir Pharaon.

Nous allons décrire ici l'abaissement de Radâï qui tomba, comme Sennachérib, dans l'avilissement et la honte, (et) comme le diable par son arrogance. Il donna aux montagnes de ses territoires les noms des

---

1. H pour L.
2. H pour L.
3. O. *lêlita*, « la nuit ».

montagnes d'Israël; il appela l'une mont Sinaï, une autre il (*col. II*) nomma mont Tabor, et il y en a d'autres que nous n'appelons pas de leurs noms. Combien est mauvais l'orgueil de ce juif, qui a donné à ses montagnes les mêmes noms que ceux des montagnes d'Israël, sur lesquelles le Seigneur descendit et leur révéla les mystères de son royaume!

Quant à ce roi, il se leva et dirigea sa face vers Aqaṭa, en dépassant[1] un peu il fit un sĕfrâ le 19 de Ṭĕr; là il passa une semaine et demie, et il se leva le 30 de ce mois, il descendit vers une déclivité par un chemin étroit et tortueux. Ce jour-là périrent beaucoup de bêtes de somme, telles que les ânes et les *ânesses* (?); ayant descendu en bas, il fit un sĕfra, et le lendemain, le 1ᵉʳ Yĕkâtit, nous primes une route de montée du Mašaḅâ[2]; ce jour-là il y eut un long défilé pire qu'hier, et quand ils se sont rencontrés, les hommes et les bêtes fatigués trouvèrent la douleur et la souffrance, comme la femme qui accouche laborieusement. Puis, en sortant de la déclivité, il fit un sĕfrâ[3]. Abba Newâï en sortit après les autres, en soutenant ceux qui étaient embarrassés et en relevant ceux qui tombaient. Le lendemain mardi, nous y passâmes la journée.

Le jour de mercredi nous partimes, et nous fimes halte dans un endroit large; là, nous passâmes la journée avant le jeûne, et nous fortifiâmes la place (*fol.* 166 *v°, col. I*) jusqu'au mercredi(?), le samedi du carême, et pendant qu'il était là, (le roi) envoya à toutes les villes pour fortifier les habitants qui ont échappé au massacre, et à ceux qui se sont cachés dans les montagnes et dans les cavernes, et il commanda à l'awadj de leur dire : N'ayez pas peur, restez dans vos territoires, mais obéissez à ceux que nous vous avons préposés. Puis nous partimes le 7 Magâbit, et en sortant de la déclivité, nous restâmes le samedi à Sewâdâ, et de Šewâdâ nous partimes le 15 du mois de

----

1. *ḫalifo* pour *ḫalif.*
2. *mašaḫâ* pour *mašaḫa.*
3. *sĕfrâ* pour *sĕfra.*

Magâbit, et en quittant la déclivité, nous fîmes un sĕfrâ où nous l'avions fait auparavant, et de là, à 9 heures, nous marchâmes neuf (?) jours (et) nous arrivâmes à Kosogê[1], et nous restâmes là le samedi, et il y passa le lundi, pendant lequel il renvoya le Mĕkuanĕn de Tigrê, šum Takla Giorgis, le Baḥr Naggâš Sĕbḥat-laab, le šum, de Tigrê Takla Sĕlus, et tous les šums de Tigrê. (Le 29, les šums)[2] partirent chacun pour son poste, et le roi aussi revint dans le katama de Gubâê, le sixième sabbat du jeûne, et le 25 de Magâbit, le jour de lundi, il renvoya Daḥragot, Wadjqoṣ et le Godjam-naggâš Qozmos, en leur donnant des décorations et des félicitations dépassant les décorations et les nominations (ordinaires), parce qu'ils ont agi virilement et n'ont pas ménagé leurs personnes, lorsqu'ils (*col. II*) combattaient contre ses ennemis.

Et lorsqu'il arriva à Gubâê de l'expédition, il ne fit pas de fête comme d'ha[bitude], parce que c'étaient des jours[3] de jeûne, et les docteurs de l'Église les appelaient jours de tristesse, mais il fit une fête après que les jours de jeûne furent terminés dans le mois de la Pâque, au point que les docteurs disaient : Cette double (pâque) vaut mieux que la pâque de Josias.

Ici nous avons accompli la conclusion de ce livre, pendant que nous disons : Gloire au Seigneur, qui a donné[4] la victoire à notre roi Malak Sagad, et que sur lui et sur nous soient sa clémence et sa miséricorde à tout jamais. Amên et amên.

Cette histoire des juifs fut terminée la 7703e année des années du monde, 1868[5] des années d'Alexandre[6], 1573 de l'incarnation de Notre-Seigneur Jésus-Christ, louange à lui, 1297 des années des martyrs, 18e année

---

1. *Kosogé* pour *kosagé*.
2. Manque dans O.
3. O. *warkha*, « mois de ».
4. *zawahaba* pour *zawahabo*.
5. 1868 pour 3860 + 60.
6. Ajouter : « doué de deux cornes » (= ar. *Dhu'l-qarnaïn*).

du règne du roi Malak Sagad, fort et victorieux dans la guerre. Que le Seigneur affermisse son trône comme le firmament du ciel, et qu'il prolonge ses jours comme les jours de deux oliviers[1]. Amên et amên . . . . .[2].

Autrefois, il y eut neuf tribus que Salmanasor amena en captivité; il leur fit traverser la mer et les établit dans un pays fertile qui s'appelle « la mer des vivants[3] » . . . (col. II).

Alors l'hivernage se fit à Gubâê, et pendant que le (roi) était là, une nouvelle arriva qui disait : Les Falachas ont envahi le pays de Waggara, ont brûlé par le feu beaucoup de maisons, et ont fait prisonniers hommes et femmes; ceux qui moururent et ceux qui furent faits prisonniers sont peu nombreux, parce qu'ils sont descendus comme des voleurs, par la crainte du roi. Ayant entendu cela, le roi brûla comme le feu, parce que la mouche a eu l'audace d'attaquer le chien, et cette audace ressemble à l'audace du bœuf sur le lion qui le[5] brise, et à l'audace du mouton sur le loup qui l'enlève. Si (le juif) avait de l'intelligence, il se serait amendé par (le souvenir) de l'extermination de son peuple, (et) des forts qui s'étaient fait une renommée dont l'histoire a noté les actes de vaillance, et à la fin le récit de leur extermination. Mais le Seigneur a jeté le délire dans le cœur de ce juif, pour qu'il oubliât la destruction de son peuple auparavant, à tel point qu'ils a fait un razzia contre les chrétiens et a pris hommes et bêtes, afin que ce soit la cause de sa destruction.

Quant au roi, il commanda en disant : Celui qui ne viendra pas à notre porte le jour que nous fixons, parmi

1. *ĕlzawa zayl* (O.) pour *ĕlzawal*.

2. Passage sans portée pour le récit, imprimé par distraction, et qu'il est inutile de traduire.

3. O. *bĕḫĕra bĕlzuʿán*, « pays des bienheureux ». La suite manque.

4. Passage inutile, omis dans la traduction. A partir d'ici, le texte du manuscrit d'Oxford diffère entièrement de celui de Paris, et je n'en possède pas de copie.

5. *zayĕsabĕro* pour *zayĕsabĕr*.

les troupes, les hommes à cheval ou à pied, ses biens seront enlevés et un autre prendra aussi sa fonction ; et la voix de l'awâdj fit le tour (du camp) en annonçant cela. Il partit de Gubâê et resta le samedi à Kambi de Waggara ; ce jour fut avec lui *(fol. 167 v°, col. I)* celui à qui convient l'honneur, la louange et la royauté, et pour la seconde fois (?) il fit le samedi à Šĕwâdâ ; et sa marche fut avec lenteur (?) à cause des aveugles, des boiteux et les infirmes, parce qu'ils le suivaient lorsqu'il allait en expédition, afin que sa main libérale et secourable envers les pauvres et les miséreux leur vienne en aide. Ceux-ci avaient l'habitude de suivre ce (roi) miséricordieux partout où il faisait expédition, à cause de cette bonté, de même que se refusèrent à quitter Notre-Seigneur Jésus-Christ (ceux) qu'il rassasia avec cinq pains et deux poissons. Comme disait un vieillard, le miracle des pains ne leur permettait[1] pas de se séparer de lui ; de même, les pauvres et les miséreux qui recouraient à la miséricorde de Notre-Seigneur ne voulurent pas se séparer de lui, et alors même que l'awadj en avait proclamé l'ordre, ils refusèrent de le quitter, mais le suivirent. Lui aussi ne se fâcha point contre eux à cause de la transgression de sa parole, mais il soutenait ceux qui se trouvaient dans l'embarras et relevait ceux qui étaient tombés. Notre-Seigneur disait aux gens qui le suivaient : Vous ne me recherchez pas à cause du miracle que vous avez vu, mais parce que vous avez mangé du pain et que vous vous en êtes rassasiés. Cela fait croire qu'il connaissait leurs pensées et (leur) amour du profit du corps. Quant à notre seigneur, il ne leur disait pas une parole pour affliger leur cœur, mais (il leur parla) avec des paroles douces, comme un père miséricordieux, et avec cela il multipliait les prières et les suppliques devant le Seigneur, pour qu'il lui fît voir la chute de son ennemi, le juif *(col. II)* orgueilleux dont le nom était pire que ses œuvres et dont les œuvres étaient pires que son nom, celui qu'on appelait Guĕšan[2],

---

1. *iyabḥawomu* pour *iyĕhabwomu.*
2. *Guĕšan;* on écrit aussi *Guašan, Guašĕn* et *Gušĕn.*

qui était de la famille et des gens de la maison de leur chef, que le Seigneur a fait tomber dans la main du roi clément, qui tenait d'une main le châtiment et de l'autre main la grâce et la miséricorde qui protégeait les fidèles, et de l'autre main sortait la vengeance et le châtiment qu'il infligeait aux impies. Malheur à celui qu'il châtiait dans sa colère, et heureux celui qui a trouvé une récompense de sa main. Louons celui qui corrige par son châtiment et qui compatit aux pauvres dans sa clémence et dans sa miséricorde.

Lorsqu'il parvint à l'amba, où Guašan s'est confié, en cessant de se confier dans le Seigneur, qui en touchant les montagnes, les fait fumer. L'arrivée de ce roi eut lieu la troisième semaine, le 7 de Taḫsas, et les gens de guerre vint à sa suite. Il les mit en rang et les plaça au pied de l'amba, pour qu'ils le gardent de tous les côtés et qu'ils le privent de boire de l'eau. Daḫragot avec ses troupes campèrent en face, et les autres troupes aussi, placées selon leurs rangs et leurs grades, firent un katama dans l'endroit qui leur était destiné. Yonaêl et les siens campèrent dans le site le plus élevé, et obstruèrent[1] tous les puits d'eau qui étaient sur les côtés de l'amba. A côté de cet amba (*fol. 168 r°, col. I*), il y eut un autre amba, le plus petit de tous, qui s'appelait Šakanâ, et au pied de cet amba ils firent un katama, le šum Gabra Iyasus et Abĕrham, selon leur rang et leur tribu, et Šĕḫ Agnê Aqaba Mikâêl étaient près de celui qui était placé plus haut qu'eux. D'un rang (?) avec les siens et avec d'autres troupes attaqua l'amba, quant à ceux qui étaient postés au-dessous de l'amba, c'étaient des Guarâbaras solides et guerriers et de haut rang dans leurs tribus. Un jour il envoya un de leurs grands auprès d'eux, paraissant paisible, et demandant qu'on leur accorde la réconciliation. Et le soir de ce jour, il assailit le Šĕḫ-Agnê, et tua beaucoup (d'hommes), et tua leur chef ʿAqaba Mikâêl. Lorsque le roi entendit cela, il rugit

---

1. *yĕdfĕnu* pour *yĕfanu.*

comme un lion et appela Maqâbis : Va avec les tiens et fais un katama là où se posta ʻAqaba Mikâêl, et combats-le énergiquement jusqu'à ce que tu l'aies vaincu ou que tu sois vaincu. Celui-ci ayant dit *oho* (oui), alla où il lui avait commandé et prit (les puits) d'eau à boire pour lui et pour ses bestiaux. Entre les deux ambas il y avait un défilé étroit, où l'on se rendait pour affaires et pour la guerre, là il plaça des hommes forts pour les empêcher de s'entr'aider en paroles et en actes. Lorsque les jours de la guerre se prolongèrent, le siège les serra davantage de toutes parts. Lorsque les soldats du roi souffrirent de la faim et furent exaspérés, ils refléchirent et dirent : Il vaut mieux mourir dans la bataille contre les ennemis de notre seigneur, comme on dit : (*col. II*) « La lance vaut mieux que la faim ; » et cette pensée fut inspirée par la sagesse du Seigneur, qui abolit la guerre des confins de la terre. Il continuèrent l'attaque pour monter à cet amba et fortifièrent leur âme à la mort, et les Falachas aussi fortifièrent leur âme, mais le Seigneur jeta la peur dans le cœur des Falachas et le courage dans le cœur des chrétiens, et (ceux-ci) recommencèrent la bataille, et les soldats du roi dispersèrent ceux dont la pensée dans leur cœur était orgueilleuse et ils chassèrent les puissants de leur siège. C'est étonnant que ceux d'en bas aient chassé ceux d'en haut, car telle est l'habitude du Seigneur de détruire les forteresses.

Ces Falachas montèrent à l'amba supérieur, où se trouvaient leurs femmes et leurs enfants; les chrétiens s'emparèrent de l'endroit où restaient les Falachas et s'emparèrent aussi de l'eau que buvaient les hommes et les bêtes. Après un court intervalle, lorsqu'ils furent pressés par la soif d'eau, ils envoyèrent une lettre auprès des grands des gens d'Ela Wasangê, le chef des grands belatênotch (jeunes officiers), qui était renommé et loué[1] par ses compagnons de guerre qui ont acquis un nom par leur bravoure et par leur force extraordinaire. Le général

---

1. *zalazakhara* pour *walazkâro.*

de cette armée était alors Wasangê. Ils l'envoyèrent encore à Maqâbis, le chef des petits bĕlatênotch, avec les siens pour aider les combattants qui étaient à Šakana amba.

Après l'arrivée de Maqâbis, les Falachas envoyèrent une lettre à Ela Sawiros, en deman (*fol. 168 v°, col. I*) dant la paix. Les paroles de leur lettre disaient ainsi : Envoie pour nous une lettre auprès du roi, afin qu'il nous envoie Yonaêl pour nous recevoir et qu'il pardonne à nos péchés ; voici, nous avons péché avec nos pères, nous avons manqué et erré. O toi qui appelles les hommes au repentir, que ta miséricorde nous parvienne ; espérance des pécheurs, chercheur des brebis égarées, ne repousse pas ton troupeau, et reçois-nous avec les brebis qui paissent dans ta prairie. Ayant vu cette lettre, le roi eut pitié d'eux et envoya Yonaêl pour les recevoir et lui dit : Ne te fâche pas contre eux et ceux qui sont avec eux, et il ne s'est pas rappelé l'affaire du sang de ses serviteurs, qui a été versé par leurs mains. Combien est belle la bonté de ce roi miséricordieux qui ressemble à la bonté de Notre-Seigneur Jésus, qui pria pour ceux qui l'ont crucifié, en disant : « Mon Père, pardonne-leur ! » En arrivant au pied de l'amba, il dit aux Falachas : Je suis venu pour vous recevoir et pour vous faire du bien en tout.

Ayant entendu cela, ils s'en réjouirent et descendirent avec tout ce qu'ils possédaient et laissèrent ni un vase dans leurs maisons. En arrivant auprès de Yonaêl, celui-ci leur communiqua la parole du roi : Restez, le roi vous le dit ; ils s'en réjouirent encore davantage, car ils le connaissaient d'auparavant pendant que la domination du Samên était dans sa main. Cependant les bĕlatênotch qui se trouvaient avec Wasangê et Maqâbis voulurent les piller, mais Yonaêl les empêcha, craignant l'ordre du roi miséricordieux envers son katama, et il leur donna un sĕfra à peu de distance de là.

Quant à eux, ils s'approchèrent (*col. II*) de Yonaêl selon l'habitude des hommes de faire un don à celui qui leur

accorde une gracieuseté, sept paires de bœufs, et de mou·
tons aussi au nombre de sept[1], ainsi que dix épées; ils les
apportèrent en son honneur. Mais lui, il dit : Je veux vos
personnes et non pas votre bien ou vos épées. Vous com-
battrez avec elles vos frères qui se sont révoltés contre
le roi, les bœufs et les moutons soient à votre disposi-
tion, le roi vous donnera des biens et moi aussi je vous
aiderai, autant que je pourrai, des dons de mon sei-
gneur. Il leur parla ainsi afin que soient contents ceux
qui ne méditaient pas le bien mais le mal, et de purifier
la pensée de ceux qui n'est pas pure de ruse.

Nous écrirons ce qui est juste à la suite de cela. Le
soir de ce jour, environ cinquante de leurs hommes choi-
sis, munis d'épées, de lances et de javelots ou couteaux,
se tinrent devant sa face, et dirent : Permets-nous de par-
ler devant toi, car nous avons une demande à faire.
Quant à lui, il les a prévenus, et leur a dit : Allez dans
votre sĕfra, et ensuite vous viendrez me parler. Ils sor-
tirent et se rendirent dans leur sĕfra. Cette présentation
devant Yonâêl, les uns disaient : (C'est pour) le surveil-
ler, les autres disaient : Il les favorise pour qu'ils s'en
aillent en secret et son cœur ne réfléchit pas. Cette fois
ils s'en allèrent en secret, mais ayant entendu le bruit
de leur pied, Yonâêl les suivit avec sa troupe et trouva
ceux qui étaient en retard et enleva leurs boucliers et
leurs lances et les donna à sa troupe ; il envoya la moi-
tié de sa troupe auprès de leurs femmes (*fol.* 169 *r*,
col. II) et de leurs enfants. Quant à lui, il fortifia son cœur
et les poursuivit, et après avoir marché un peu, il
trouva en route ceux qui restaient en arrière et parmi
eux les uns il a tué, aux autres il a pris les instruments
des champs et les donna à sa troupe. Ceux qui s'en-
fuirent furent au nombre de soixante-dix ou quatre-
vingts, cinquante furent pris et vingt furent tués, et il
les fit garder tous par sa troupe, dont il a fait une seule
réunion ; le lendemain ils les fit sortir dans une place

---

1. VI (?).

vaste, en tua la moitié par la lance et l'autre moitié par l'épée.

Quant au faux prophète, leur prophète, dont la mort a été retardée, (Yonâêl lui) dit : Si tu veux vivre, demande-le en disant : « Par Marie, aie pitié de moi, » et si non l'épée est devant toi. L'autre dit : La mention du nom de Marie n'est-elle pas défendue? Hâte-toi![1] Si je meurs, il vaut mieux pour moi que je m'en aille d'un monde de fausseté à un monde de justice, et des ténèbres à la lumière; tue-moi vite! Yonâêl lui dit : Si tu préfères la mort à la vie, meure d'une belle manière et incline ta tête. Et il inclina son cou, et (Yonâêl) le frappa avec l'épée, et d'une seule fois il le trancha et lui coupa en même temps les deux genoux, et en traversant tout cela la lame de l'épée entra d'un empan (?) dans le sol. Et ceux qui l'ont vu admirèrent la solidité de l'épée et le courage du juif jusqu'à la mort, qui déclara mauvaises les choses de la terre et déclara bonnes les choses du ciel. Une telle mort est bonne pour les messia (*col. II*) nistes (= chrétiens), ainsi que dit Notre-Seigneur : Celui qui me confesse devant les hommes, moi aussi je le reconnaîtrai devant mon père qui est dans les cieux. Cette mort est vaine, parce que le šéol la suivra.

Après cela, Yonâêl fit un don au roi, comme le font les guerriers à leur chef : environ deux cents serfs et serves parmi leurs femmes avec leurs enfants. Le roi le remercia. Puis, ceux qui demeuraient dans Šakana amba vinrent à Warq amba; au pied de cet amba ils firent un katama semblable aux premiers. Cette fois la peur entra dans le cœur de Guašan; si le Seigneur ne lui fortifiait pas le cœur, son âme se serait séparée de son corps lorsqu'il vit leur multitude et le siège de son amba; et il fut terrorisé comme Nabal par les menaces de David le lion et comme Caïn le tremblant; mais le jour de sa mort n'était pas encore arrivé.

A l'arrivée du roi fut accomplie la parole de David qui dit : La terre trembla et fut agitée, et les fonde-

---

1. *Aftën* pour *afuna.*

ments des montagnes furent remués et commotionnés, parce que le Seigneur se fâcha contre eux. Toute la population était affligée de la famine et poussa des cris, ainsi qu'il est dit : Les premières nécessités de l'homme sont le pain et l'eau, et sans eux l'homme ne vit pas; c'est un animal parlant. Environ deux cents moururent et leur sépulture fut les puits et les fossés; on les abandonna là, sans creuser des tombeaux. Ce jour-là se levèrent deux hommes qui dirent : Nous monterons à cet amba, et ayant exploré ses chemins nous retournerons; mais en rançon de notre mort, quel sera notre récompense? Ayant entendu cela, le roi se réjouit et leur promit beaucoup de dons, et par cette promesse il allèrent vers cet amba où personne ne pou (*fol.* 169 *v*°, *col. I*) vait ni monter ni descendre. En montant, ils trouvèrent un gardien à l'entrée d'un précipice, et prenant *faqarśâ zébêt*, ils retournèrent par la route où ils étaient montés. Ceci ressemble à l'acte des deux explorateurs que Moïse envoya dans le pays d'héritage que le Seigneur avait promis aux enfants d'Israël, en disant: Je vous donnerai un pays qui coule le lait et le miel; et par cette espérance le cœur d'Israël fut fortifié et ne fut pas décomposé. Ces deux hommes ayant pris de chez eux un *taqarśa*, le firent venir et s'empressèrent de monter, et dirent à ceux-là: Que vaut-il mieux pour nous? Ils dirent: Des cordes et *mafchanâ* au nombre de cinquante-huit, et lorsqu'ils les leur apportèrent, ils coupèrent du bois d'une coudée et attachèrent ces *as'aw* avec trois ou quatre *mafchana* qui dépassaient d'en haut jusqu'en bas[1], et firent avec cela des échelles pour mettre le pied et l'attachèrent à un arbre qui se trouvait au sommet de l'amba; ensuite, ils choisirent environ trente hommes forts et expérimentés en guerre, qui se sont fait des noms dans leur temps; ils choisirent aussi parmi les Turcs neuf[2] hommes connus par leur force et leur bravoure, et en montant à cet amba, ils tuèrent le gardien que nous avons mentionné

---

1. Passage corrompu et peu clair.
2. *mafana* pour *wafana*.

ci-dessus et montèrent ensuite à Guachan, et vers minuit il fut une surprise (?)[1], et ils brûlèrent le katama par le feu, et il fut un grand cri de crainte parmi les Falachas et un grand cri de victoire parmi les chrétiens. Lorsque le roi entendit le bruit de leur cri et (vit) l'incendie des maisons de la ville, il sut qu'ils ont anéanti l'amba, parce qu'il leur avait dit : Lorsque vous l'aurez brisé (*col. II*), vous me ferez voir l'incendie du katama, et les soldats disaient de même. Par cela ils reconnurent la prise de l'amba. Alors Dĕb Anbasa, Nesĕrqano Wasânti rivalisèrent, et firent la joie des troupes du roi, jusqu'à ce que ce fut (comme) un miracle.

Guašan tressaillit lorsqu'il entendit des cris de tous les côtés, et par suite de cette terreur l'intelligence lui manqua et il souhaita d'être englouti dans la terre comme Dâtân et Abiron, et que la foudre tombât et l'enfonçât dans la terre, mais sa mort ne fut pas par cela ; puis il aima mieux se détruire lui-même que d'aller trouver le roi et de toucher la main d'un chrétien, il préféra la mort ; il projeta cela et alla avec ses parents et ses partisans *waall* vers l'orifice du précipice, (s'y jetèrent et tombèrent près du katama de Belên, et Belên coupa la tête de Guašan et les têtes des siens, et fit un don à Yonâêl de leurs dépouilles, car il était le chef de l'armée. Ce fut une grande joie dans le katama de Yonâêl à cause de la mort de Guašan et des siens.

Je reviens encore à décrire l'histoire du salut de Gêdêwon de la mort dans ce jour-là. Lorsque Guašan et les siens tombèrent dans le précipice, Gêdêwon fuirent de l'autre côté par le chemin droit sur lequel on marchait, tandis que ses femmes et sa sœur sautèrent dans le précipice et moururent tout près du chemin de Gêdêwon. Combien est belle et forte la résolution de ces faibles femmes, qui ne tremblaient pas de la crainte de la mort, combien elles auraient mérité plus d'éloges aux jours des sept enfants qu'Antiochos tua avec

____
1. wewĕ^ca, « surprise » (?).

leur mère et (*fol.* 170 r°, *col. I*) leur père, parce que leur mort fut pour la garde de la loi de l'Ancien Testament, ce jour fut avant la venue de la loi chrétienne ; la mort de celles-ci fut pour la garde de la foi qui a été abolie et cassée et non pour la loi du Christ, qui a été envoyée au monde en accomplissement, loi pour laquelle mourut Arsima et plusieurs femmes comme elle, chacune par une torture différente, et ont laissé un beau nom après leur mort. Et celles-ci ont laissé (la honte) à la place de louange par leur refus de croire à la naissance de Notre-Seigneur le Christ de Notre-Dame Marie sans *mixtion*, qui fait entrer dans le royaume du ciel, et elles ont suivi le chemin tortueux qui les fera entrer au šeol.

Quant à Gêdêwon, il dit aux autres : Écoutez, voici nous allons nous égorger avec les épées et les lances, maintenant il vaut mieux pour nous mourir que d'être amenés captifs ; n'avez-vous pas entendu ce que nos pères ont dit lorsque Titus, fils de Vespasien, voulut les prendre : Il vaut mieux mourir avec honneur que de vivre dans l'opprobre, et il les encouragea à agir ainsi. Il alla là où furent postés les gens de Daḫragot et passa entre eux, et étant passé indemne, il dit, c'est comme s'il passait les ténèbres. Et quand ils le virent, ils comprirent qu'il s'est courageusement livré à la mort, afin que pas un d'entre eux ne périt. Nous affirmons la parole de ceux qui disent : Ils passèrent dans la nuit, et si ce n'est pas ainsi, il n'y avait pas plus de dix boucliers, comment a-t-il échappé aux mille braves et expérimentés en guerre, qui tiennent le bouclier et la lance ; à cause de cela, nous justifions la dernière parole et nous déclarons fausse la première, et ainsi il échappa jusqu'à son moment.

Quant à Yonâêl, il expédia les dépouilles de Guašan auprès du roi, et au jour.de la destruction (*col. II*) de Guašan, qui était l'ennemi de Marie, à la gloire de son

---

1. *baẓaẓiaḫâ* pour *baẓaẓiaḫu.*

nom convient l'adoration, tous les soldats, et ceux qui
entouraient l'amba, en étant retournés, avec Yonâêl,
apportèrent la tête de Guašan et des siens auprès du roi
en don, selon l'habitude de la victoire sur les infidèles.
Cette fois il fit une joie telle que le bruit de leur joie fut
entendu dans les montagnes et les collines et de tous les
côtés, et les villes furent commotionnées. Pour moi, cela
(se rapporte) à ce qu'il dit : Il touche les montagnes et
elles fument, fais éclater ta foudre et disperse-les,
envoie tes flèches et étourdis-les; je veux désigner par
cela les coups de canon du roi. Ce jour-là était celui de
la mort de Notre-Dame Marie, d'après ce qu'ont écrit
dans le syaxare nos pères éminents, Abba Micâêl et
Abba Yohannes, évêques de Maliz et de Burles, et non
dans un autre jour l'Assomption de Notre-Dame Marie.
Ensuite, il écrivirent la nouvelle joyeuse à la reine au
sujet du miracle de la destruction de l'amba qui ressem-
blait au ciel, et cela pour qu'elle glorifie le Seigneur.
Et ils envoyèrent par la main d'un belâtêna, ce qui est
le plus agréable à la reine et au roi. La reine était dans
ce jour en prières dans l'église et sa dévotion était pour
le roi; en ce moment elle ressemblait à Anne, fille de
Phanuel, qui ne sortait du temple ni le jour, ni la nuit,
(restant) dans le jeûne et dans la prière. Aux monas-
tères et aux ermitages aussi, ils expédièrent une lettre
pour qu'ils veillent jour et nuit, et par la prière de ces
saints le Seigneur accorda la victoire au roi Sarṣa
Děngěl, et par ses mains furent faits les miracles que
nous avons mentionnés.

Lorsque la nouvelle arriva au roi par la main du
bêlatêna, il appela 'Asbê et Zapěraqliṭos pour qu'ils
lisent la lettre, qui a été appelée *Yedagamât* par le roi,
pour la beauté et bonté de sa forme. Et l'azadj (*fol. 170
v°, col. I*) Babaïla-Sêlûs et le Docteur de la loi Abba Amha
Giorgis, eux tous restèrent avec la reine en ce temps.
Alors tous les gens du katama furent convoqués par
l'awadj, et cette lettre de la bonne nouvelle fut lue à
haute voix devant les oreilles de l'assemblée. Et ayant

entendu les paroles de cette lettre se réjouirent les hommes et les femmes, les vieillards et les enfants. Les prêtres chantèrent selon le cantique de Moïse, le serviteur du Seigneur, en disant : Louons le Seigneur, qui s'est montré digne de louanges, et les femmes chantèrent des cantiques de victoire, car c'est leur habitude (de chanter) des cantiques de glorification au victorieux et des cantiques de haine au vaincu. Il fut une grande joie dans le katama, et le roi dit : Nous sommes heureux d'avoir vu la chute de l'ennemi de Notre-Seigneur Jésus et il nous convient d'offrir le sacrifice dans cet amba où la victoire nous a été donnée ; il appela le Nabaro et lui dit : Offre le sacrifice avec des prêtres et des musiciens ; et il y offrit le sacrifice, comme nous enseignèrent nos pères les docteurs de l'Église orthodoxe et dressa un dabana ; ensuite ils retournèrent.

Le troisième jour après la mort de Guašan, le roi apprit qu'il y avait un amba plus petit que Warq Amba et tout près, et qu'il y avait beaucoup de Falachas dans la crainte et dans la terreur, il ordonna à Yonâêl qu'il les fasse descendre par la douceur et sinon par la honte (malgré eux). Il partit et se rendit au pied de l'amba, et les Falachas furent terrorisés et sentirent les douleurs (le femme en labeur d'enfantement ; ils envoyèrent une lettre à Yonâêl en disant : Donne-nous la promesse par ser *(col. II)* ment que tu ne nous feras pas de mal, et ayant reçu la promesse, il vinrent avec leurs gens et leurs biens, et il leur dit : N'ayez pas peur, je demanderai pitié pour vous au roi. Il les prit et les présenta au roi.

Le roi se leva le lendemain et arriva à Šewada, et dans l'octave il arriva au lieu où se trouvait la reine, (savoir) l'endroit où il a passé en allant à l'expédition et où il retourna de l'expédition de Samên. Alors (on entendit) le bruit des chants des prêtres et de la danse de la reine Agrod. Ce fut une grande joie que leur rencontre dans la victoire. Le lendemain ils partirent et arrivèrent dans l'octave, à Gubâê, pendant les sabbats pour la réception du jeûne. Ce fut la joie, et il glorifia le Seigneur sans arrogance

pour la victoire que nous avons décrite et non comme
les païens qui, lorsqu'ils ont vaincu, ils croient que
c'est par leur propre force et ne glorifient pas le
Seigneur, et ne savent pas que la victoire et la défaite
est dans la puissance du Seigneur. Le jour de l'arrivée
du jeûne, il renvoya tous dans leur pays et leur dit : Ce
n'est pas pour que vous reposiez, c'est pour que vous
supportiez la privation et que vous veniez le jour où je vous
appellerai. Il leur dit encore : Je vous le dis, parce que je
vous amènerai là où vous trouverez des bénéfices, car
vous n'avez pas trouvé des richesses, sinon la victoire
contre les ennemis de Notre-Seigneur dans l'expédition
de Samên. Et dans cet espoir ils partirent avec joie.

Oh, sa sagesse ressemblait donc à la sagesse de Salo-
mon. Lorsqu'il sut qu'il engagera une autre expédition,
il leur fit espérer qu'ils trouveront des bœufs dans leur
expédition, ainsi que des esclaves et de grandes richesses,
mais la joie de sa promesse ne fut pas fausse comme les
gens faux, car ils trou *(fol.* 171 *r°, col. I)* vèrent des bœufs
et des moutons, des serfs et des serves, ainsi que nous
le ferons connaitre. Et la seconde semaine du jeûne, le
roi envoya un ordre à toute l'armée et à tous les parents
pour qu'ils arrivent pendant l'octave prochaine.

REMARQUES

La province de Samên, où s'est déroulé le drame lugubre qu'on vient de lire, est située au nord de l'Amhara, au delà du Takâzi qui la sépare du Tigré. C'est un haut plateau, hérissé de montagnes escarpées, offrant une étendue d'environ 80 milles de long sur 30 milles de large seulement en quelques endroits, et en d'autres beaucoup moins. Le climat est extrémement froid; il y neige presque toute l'année et le sol rocheux semble condamné à une stérilité désolante. Toutes les localités, d'ailleurs fort clairsemées de ce pays, sont bâties sur les sommets de hauts mamelons, souvent entourés de vallées profondes qui leur servent de tranchées. La plupart de ces sommets sont si élevés et leurs flancs si escarpés, qu'il est comme impossible de les gravir, à moins que les habitants ne viennent prêter secours. Tous ces rocs, que la nature avait disposés pour servir de repaires aux bêtes sauvages, ont servi de bonne heure de refuge à des Juifs, nommés Falachas dans le pays, et assez nombreux pour y constituer une sorte de principauté vassale, mais autonome, du gouvernement central de l'Abyssinie, principauté dont la destruction au xvi° siècle fait l'objet de l'extrait précédent[1].

Le fait de la concentration d'une agglomération de juifs dans un canton aussi inculte et aussi isolé du reste du pays, suffit à faire soupçonner une longue suite de drames tragiques, ayant successivement restreint la périphérie de leur expansion jusqu'à les avoir forcés à chercher refuge dans ce désert de roches et de glace. Et ce triste refuge leur a déjà été disputé au xv° siècle, sous le règne de Baĕda-Mâryam (1468-1478). L'armée de ce roi, commandée par le général nommé Marqos, ne put s'emparer d'un de leurs ambas qu'après un siège de trois ans, au point qu'il résolut de se venger de leur longue

---

1. Voir *L'Abyssinie dans la seconde moitié du xvi° siècle ou le règne de Sarĭsa-Dengel (Malak-Saḡad)*, 1563-1591. Leipzig-Bucarest, 1892, p. 40-49, où une foule de détails et l'appréciation historique laissent beaucoup à désirer.

résistance, au moyen d'une abominable trahison qui déshonore l'humanité. Se fiant à la parole reçue au moment de la capitulation, la guerre terminée, les Falachas se rendirent en grand nombre et sans armes à la convocation du général pour recevoir ses ordres, mais au lieu d'ordres ils trouvèrent d'implacables assassins. Le calme avec lequel notre chroniqueur raconte l'épisode fait frémir :

« Marqos de Bĕgamĕdĕr dans le temps a été témoin (= acteur) du fait et puissant au temps du roi Baĕda-Mâryâm, où étaient les Falachas dont nous écrivons l'histoire ; ce Marqos, que nous venons de mentionner vint et campa au pied de leur amba pendant trois ans ; puis il les vainquit avec beaucoup de peine et de ruse, et les livra dans la main (du roi), il s'empara de toutes leurs villes. Puis une idée vint (au roi), en disant : Comment puis-je accorder l'amnistie à ces maudits qui irritent toujours le Saint-Esprit par leurs œuvres ; plutôt que de les laisser en vie, il vaut mieux les exterminer. En se disant cela, il ordonna que le crieur public criât et proclamât en disant : Tout Falacha doit venir à l'endroit que je lui indiquerai ; celui qui ne viendra pas, sa maison sera détruite et son bien pillé. Alors tous les Falachas s'assemblèrent autour du Mekuenen Marqos, et ce fut une grande assemblée ; puis il ordonna à ses compagnons de leur couper le cou avec l'épée, à tel point que leur sang coula et que les cadavres emplirent la campagne ; alors fut accomplie la parole ironique que leurs pères avaient prononcée au jour du crucifiement de Notre-Seigneur : Que son sang soit sur nous et sur nos enfants. »

Voilà à quelle explosion de haine religieuse, inextinguible et périodiquement renouvelée, les pauvres Falachas furent incessamment exposés en Abyssinie, depuis la conversion de ce pays au christianisme, car la légende, d'ailleurs absurde, de l'arrivée de nombreux Juifs avec la reine de Saba à son retour de Jérusalem, où elle avait été épousée par Salomon, cette légende, dis-je, qui admet l'origine juive de la noblesse et la domination du judaïsme en Abyssinie jusqu'au ive siècle, considère les Falachas comme les descendants de ces anciens juifs qui refusaient de renoncer à la religion de l'Ancien Testament, et partant comme juifs d'origine ; jamais le moindre doute n'a été émis dans le pays à cet égard. De leur côté, les Falachas se regardent eux-mêmes comme les descendants authentiques des patriarches hébreux et comme faisant partie intégrante du reste d'Israël habitant dans les autres pays du monde, mais ne savent rien de leur arrivée dans le pays avant la destruction de Jérusalem. Bien qu'au point de vue historique cette légende, qui attribue en même temps une origine salomonienne à la dynastie légitime, ne peut être antérieure à la fin du xiii⁰ siècle, la grande influence du judaïsme sur les pratiques cultuelles de l'Église abyssine semble attester la présence des juifs au début même de la propagation du christianisme. Au delà de cette époque, le paganisme dominait seul et les rares inscriptions récemment découvertes nous ont fourni quelques noms propres de divinités[1]. J'ai, depuis longtemps, émis l'opinion que les Falachas descendent de captifs juifs amenés d'Arabie méridionale en Abyssinie, à la suite des guerres contre les Himyarites, depuis le roi ʿAzana, vers la fin du v⁰ siècle. Faute de femmes juives, les captifs épousaient de préférence des femmes indigènes de race agau, qu'ils convertissaient aisément au judaïsme ; de là la couleur noire des Falachas et l'emploi familier de la langue agau entre eux[2]. Les Juifs du Yémen étaient, en grande partie, surtout dans les ports de mer, originairement venus d'Égypte complètement hellénisés et adonnés au commerce ; ils ignoraient l'hébreu et les doctrines pharisiennes qui prévalurent en Palestine, et se servaient de la version grecque dite des Septante. Les mêmes circonstances caractérisent encore aujourd'hui les Falachas, hormis ce détail que le texte grec a été remplacé par la version éthiopienne. Ce procédé historique me paraît le plus vraisemblable parce qu'il explique mieux que tout autre la présence du judaïsme en Abyssinie. Une pénétration directe d'Égypte des Juifs par la voie du Nil ne saurait être admise sans preuves.

Qui peut donner une idée des scènes de persécution et de massacre par lesquelles le fanatisme chrétien a forcé les juifs

1. Entre autres : Maḥram, dieu de la guerre; Mĕdĕr, dieu Terre; ʿAstar, Astarté.

2. Depuis trente ans, l'agau a considérablement reculé, et aujourd'hui les Falachas de Dambĕya ne parlent plus que l'amharique.

à chercher un refuge dans un pays alpestre aussi inhospita-
lier? Jusqu'au xv⁰ siècle l'histoire est muette. A cette époque,
retranchés dans leur âpre asile, les Falachas qui échappèrent
au massacre ourdi traîtreusement contre eux par Baĕda-
Mâryâm et Marqos, vécurent dans une profonde misère, s'at-
tendant à être continuellement molestés par les voisins et fina-
lement exterminés sur le geste du premier roi ou préfet
fanatique. Toutefois, pendant les règnes suivants, où l'Abys-
sinie se débattait contre les envahisseurs gallas et musulmans,
ils purent respirer et refaire en partie leurs forces. L'élève
des bestiaux et l'agriculture furent leurs occupations princi-
pales; à cela venaient se joindre quelques industries de
première nécessité, comme la fabrication des épées, des bou-
cliers et des lances; ils avaient pourtant des érudits et des
scribes. Au début du règne de Sarṣa-Dĕngĕl, les Falachas par-
vinrent à organiser une sorte de république, sous la direc-
tion de quatre chefs énergiques nommés Kalĕf (prononciation
vulgaire pour Kalĕb), Radâï¹, Guašan (écrit aussi Guašen,
Guĕšen et Gušen) et Gĕdĕwon (= Gédéon), qui habitaient
chacun sur un amba à part, formant ainsi quatre chefs-lieux
de la petite république. Les Falachas descendirent même dans
la plaine limitée par la rivière nommée Mašahâ, en cultivèrent le
sol avec soin et eurent de belles récoltes. La population non
juive de la contrée, tant chrétienne que musulmane, vivait sur
un pied amical avec les Falachas², et quelques chrétiens accep-
tèrent même la foi juive. Cet état de modeste aisance prit subi-
tement fin après que Sarṣa-Dĕngĕl fut débarrassé de ses ad-
versaires et se fit couronner à Axum. Malgré son bon naturel,
il ne put oublier la haine du juif qu'il avait héritée de ses
prédécesseurs et que son entourage clérical lui inculquait jour-
nellement. Avant d'entreprendre des expéditions lointaines
chez les Gallas du Sud, il résolut d'en finir une fois pour toutes
avec les Juifs. « Il vaut mieux, dit-il, lutter contre ceux qui

---

1. Kalĕf et Radâï étaient frères; Guašan et Gĕdĕwon étaient leurs
proches parents.

2. En Abyssinie comme partout ailleurs, la masse du peuple s'entend
parfaitement avec les Juifs, qu'ils tiennent en estime à cause de leur es-
prit ouvert et leur amour du travail.

sont coupables du sang de Notre-Seigneur Jésus-Christ, que d'aller combattre les Gallas. » C'était une véritable croisade, inspirée par le fanatisme religieux, sans la moindre perspective d'en tirer le moindre profit matériel : le sang juif n'est-il pas la plus agréable libation qu'on puisse offrir au Christ? Eh bien, il aura cette libation et elle coulera à flots.

Un prétexte fut bientôt trouvé. Radaï, le chef de la petite principauté, payait un tribut annuel au roi, consistant en une certaine quantité de céréales et de bestiaux. Cette fois, la moisson n'était pas terminée et partant l'envoi n'a encore pu être fait. Les antijuifs ne s'arrêtèrent pas pour si peu. Ils envoyèrent dire au roi que Radaï refusait de payer désormais le tribut habituel, et le roi, furieux, convoqua le ban et l'arrière-ban de l'armée abyssine pour combattre les quelques milliers de Falachas dans les tristes Alpes du Samen. Le prétexte était nécessaire pour la galerie; pour les loups qui dévorent les moutons, ce sont toujours les moutons qui ont commencé. Le chroniqueur, imbu des préjugés séculaires, décrit les chefs falachas comme orgueilleux et sottement provocants; l'historien ne s'y laissera pas tromper. Plus ridicule est encore sa manière de représenter en même temps les Falachas comme des peureux et des tremblards; ses propres récits lui donnent mille démentis. La vérité est qu'ils ont montré un courage admirable, mais qu'en raison de leur petit nombre et de l'état primitif de leur armement en face d'une armée nombreuse, pourvue de fusils et de canons, leur défaite était sûre d'avance. Toutefois cette victoire, qui prit dès le début le caractère d'une sauvage extermination, est un de ces stigmates indélébiles que le fanatisme religieux a imprimés au front des sectes intolérantes et persécutrices.

Hormis les reproches de commandes touchant l'état psychique des Falachas et les flagorneries intéressées à propos de la personne du roi, le récit du chroniqueur est empreint d'une grande sincérité, car il parle en témoin oculaire.

---

1. Kaléf a si bien compris l'inutilité d'offrir une rançon que, pour conjurer la catastrophe, il brûla la moisson tout entière, dans l'espoir que l'expédition ne pourrait être continuée faute de vivres.

Les gens de Kaléf se sont héroïquement battus et ont même remporté quelques victoires. Finalement, les fusils et les canons ont raréfié leurs rangs. Les restants prirent la fuite et l'amba fut pris. Tous les habitants, hommes, femmes et enfants, jusqu'aux animaux, furent massacrés par l'ordre du moine sanguinaire Abba-Nĕwaï. Nombre de femmes, dont la beauté excitait le désir des bourreaux, furent amenées attachées aux bras de leurs ravisseurs pour les empêcher de s'enfuir. Mais, en dignes filles d'Israël, ces jeunes femmes prirent, sans se concerter, la même résolution héroïque : elles se jetèrent toutes dans les précipices au bord desquels elles marchaient et y entraînèrent leurs ravisseurs. Le chroniqueur ne peut s'empêcher d'admirer l'héroïsme des femmes falachas, mais il n'a pas un mot de pitié pour les nobles victimes.

Le chef falacha Radâï tint vigoureusement tête à l'armée abyssinienne et remporta plusieurs victoires. Les Abyssins désespéraient déjà de pouvoir jamais prendre l'amba de ce chef, nommé Warq-ambâ, « amba d'or ». Vers le soir, écrasé par le nombre, Radâï licencia ses guerriers et se rendit à Abba Nawâï qui le présenta au roi. Celui-ci le traita avec une douceur relative, bien que quelques jours après on trouvât convenable de le charger de chaînes. L'amba, dont les habitants avaient eu le temps de se sauver, fut l'objet d'une pompeuse cérémonie et d'une consécration chrétienne, dans le but de sanctifier « ce lieu contaminé par les porcs des champs et brouté par les bêtes de la campagne, » c'est-à-dire par les juifs. Juif de cœur et d'âme, Radâï avait donné des noms bibliques aux montagnes de son pauvre patrimoine ; quelle audace et quelle arrogance de se délecter de souvenirs israélites, tandis que les vrais israélites sont les chrétiens et les Abyssins en particulier, à cause de leur origine jérusalémite !

Cette victoire coûta cher à l'armée abyssine, et cependant la tragédie n'était pas terminée, car les deux autres chefs, Guašan et Gêdĕwon, sont restés indemnes jusqu'ici. Pour les déloger de leurs ambas, il fallut entreprendre une nouvelle croisade avec une armée réorganisée, et cela demandait du temps. Ce n'est que lorsque l'armée fut au complet et que les vassaux musulmans eurent envoyé leurs contingents, que la seconde expédition a pu se mettre en mouvement. Pour l'hypocrisie zélatrice, tout prétexte est bon. On fit donc répandre le bruit que les Falachas ont effectué une razzia dans la province limitrophe de Waggara, au cours de laquelle ils auraient incendié un village chrétien et fait prisonniers les habitants. Mais l'absurdité d'un pareil acte de provocation de la part des Falachas, dans les circonstances où ils se trouvaient, le naïf chroniqueur y ajoute foi, en remarquant seulement que Dieu a jeté le délire dans le cœur de ce juif (Guašan), pour qu'il oubliât la destruction de son peuple, à tel point qu'il a fait une razzia contre les chrétiens et a pris hommes et bêtes, afin que ce soit la cause de sa perte. Avec la basse adulation de courtisan, il avait allégué auparavant : « Les chrétiens qui moururent ou furent faits prisonniers étaient peu nombreux, parce qu'ils étaient descendus comme des voleurs, par la crainte du roi. » Une bagarre insignifiante entre chrétiens et Falachas, dans quelque localité du Waggara, a été vraisemblablement enflée par la médisance antijuive.

Les Falachas, commandés par Guašan, ont opposé une résistance encore plus vigoureuse que dans la campagne précédente, et de nouveau la victoire souriait à ces braves qui n'avaient que des pierres pour faire face à une armée abondamment pourvue de fusils et de canons. La lutte fut acharnée des deux côtés; chassés d'un petit amba voisin, les Falachas se réfugièrent à l'amba plus haut, mais le manque d'eau les obligea à capituler. Le roi accueillit favorablement leur requête, qui était rédigée d'une manière bien touchante, et Yonael reçut l'ordre de les bien traiter, car ils étaient descendus avec leurs femmes et leurs enfants et avec tous leurs bagages.

Mais ce général fanatique ourdit clandestinement leur perte. Ces braves guerriers étant venus lui offrir des cadeaux, à titre d'hommage et de soumission, il leur dit d'aller à leur šēfrâ et de revenir le lendemain, mais ce n'était qu'une ruse abominable. Sous prétexte qu'ils voulaient s'enfuir, il les fit suivre par ses soldats qui massacrèrent la plus grande partie des Falachas confiants, après avoir désarmé les uns et enlevé les instruments de labourage aux autres. Cinquante hommes faits prisonniers furent réunis le lendemain et mis à mort à coups de lance et d'épée.

Alors arriva le tour de Radâï. Sommé de demander pitié au nom de la Vierge, il préféra la mort à l'apostasie. Pour éprouver son courage, Yonael lui dit d'incliner le cou et Radâï y donna suite aussitôt, « et Yonael, dit le chroniqueur impassible, le frappa avec l'épée, et, d'une seule fois, il le trancha et lui coupa en même temps les deux genoux, et en traversant tout cela, la lame de l'épée entra d'un empan (?) dans le sol, et ceux qui l'ont vu admirèrent la solidité de l'épée et le courage du juif jusqu'à la mort ». Il a cependant soin d'ajouter que « cette mort est vaine parce que le Šeol la suivra ! »

L'amba de Guašan se défendit encore plusieurs jours et les Abyssins désespéraient de nouveau de pouvoir y parvenir, quand quelques-uns de leurs auxiliaires, parmi lesquels il y avait des musulmans et des turcs, alléchés par de grosses récompenses promises, gravirent la montagne pendant la nuit et incendièrent la ville. Voyant que tout était perdu, Guašan et ses compagnons, au lieu de se rendre, aimèrent mieux se jeter dans le précipice. Leurs cadavres furent décapités et les têtes furent envoyées au roi. Les femmes et la sœur de Gêdêwon s'élancèrent également dans le précipice, tandis que Gêdêwon avec ses meilleurs combattants se donnèrent mutuellement la mort, car ce chef leur dit : « Écoutez, nous allons nous égorger avec les épées et les lances; maintenant il vaut mieux pour nous mourir que d'être amenés captifs; n'avez-vous pas entendu ce que nos pères ont dit lorsque Titus, fils de Vespasien, voulut les prendre : Il vaut mieux mourir avec honneur que de vivre dans l'opprobre, et il les encouragea à agir ainsi. »

Par ces paroles fières et généreuses se termine la guerre du Samên.

Reposez en paix, magnanimes martyrs de la foi en le Dieu unique ! Et toi Samên, cimetière de lutteurs intrépides pour les traditions ancestrales, avec tes âpres précipices rougis du sang de femmes fidèles et gracieuses, restées pures jusqu'à la mort, je te salue avec une émotion suprême ! L'auréole qui plane sur les ambas glacés complète un quadrilatère lumineux de la gloire d'Israël ; ces colonnes de splendeur impérissable, l'histoire les nommera : Jérusalem, Massada, Betar, Samên.

הוספה

מלחמת המלך שַׂרְצַּדְּנְגָּל עם הפלשים

III

תרגום עברי

(דף 159 'פ', עם' II) אחרי עשותו את כל זאת חָרֵף במקום . בחדש הסתו הזה יצאה מחלה בתחנורת; אנשים רבים מתו כמחלה ההיא. מגמת המלך היתה בראשונה לקרא מלחמה כעבור הסתו על עם גְלָּא החל מארץ אֲגָנוֹת עד גְּדְמָ' ואיפת ופסגר ודָוְרוּ . את הַמְגַּמָּרה הזאת ערך וחִזֵּק עם שרי כל המקומורת כאשר שלח אותם איש לארצו , אך היה בפעם הזאת כדבר ח' אשר אמר : לא מחשבותי כמחשבותיכם ולא חפצי כחפצכם . את זאֹרת נאֹמר יען אשר מאלהים דרכי עולם כוננו והוא חטה את דרך המלך בעבֹר הסתו לעֲבֹר הפלשים וכֵן נֶעוֹבְדָה יציאתו נגד הנלאים עד ימים .

נודיעה נא פה את טבת הגמר חזה . באה אגרת מודיעה כי רַדָאִי (שר הפלשים) חדל לשלֵם את המס אשר דבר למלך בהיותו בנוכאי (לאטר) הנני אשלח את מסי : דגן הרבה צמדי בקר ועדר צאן למספר ומכל זאת לא נתן מאומה . כשמע המלך את זאת בער לבו כאש ואז יען עצה להלחם עם הפלשים (דף 160 'אח' עם' I) ויחדל להלחם בנלאים . ויזעק את כל צבאו ושרי תָגְּרֵי ליום המועד . על זה אמר : טוב כי אתגרה באנשים האשמים בדם אדוננו ישוע המשיח מלכרת להלחם בנלאים . כן גמר אֹמר בחדש הסתו .

נשוב לקורות המלך הזה הנאמן לאלהיו . כאשר מתו אנשי עסבי וכֶּרְקליטוס במהלה הנוכרת חרדו חרדת גדולה ויעמדו לפני המלך

1. פ' = פנים . — 2. אח' = אחור .

ויאמרו אליו : אנשי ביתנו כתו ועתה נירא לנפשותינו . אנא אדון
הוציאנו מן התחנות הזה והושב אותנו במקום אשר אין בו מחלה .
ויען המלך הנאמן ויאמר אלהם : אתם היודעים את הכתבים איך
הייתם לכסילים חסרי לב ? המחלה הזאת לא שֻׁלחה בַּמְֻלמָּדים כי אם
באוילים ודומיהם . ובכל זאת לא עצר אותם בֵַּתחֲנוֹת כי ברחמיו על
פחדם שלחם אל השדות והכין להם כל צרכם . והוא אחרי עשותו
את תזכר אבא הַכֵּל־הַיְֻמָנות עזב את מקום חרפו ויבא אל נגאי (אמ' II
בחמשה לַמַֻסכַרַם , יום מיתת המלך הצדיק לְבֶן־דנגל עליו השלום ,
ובמקום הזה כֻלָה את ימי חדש מסכרם .

משם נסע ביום הרביעי , 13 טְקֶמְת . ומשם נסע וילך דרך ארבעה
ימים וישם פניו אל סֶמֶן וינח ביום הראשון בכוֹסוֹגֵי וביום השני
21 טקמרת נסע משם ובדרך גוֹעוּ באנו לנכול וגרח ושואדה ביום
החמשי , 25 טקמת , ונעש שם סְפֳּרָא (חֲנָֻיָה) ויטו שם אהל המלך . ביום
ההוא ירדו הרבה רגלים ורוכבים וישאו בקר רב מאת משלימים ונוצרים
אשר שבו מן המשיחיוֹת ליהודיות . אלה שלחו דבר אל המלך לאמר :
באנו אל אדוננו עם נשינו וילדינו ובקרנו . לפנים היה קנינם כארץ
ממשלת רדאי וברצון האל היה בואם בעת רדת הנבורים ההם למען
יֵַדע טוב אדוננו בהשברת קנין האנשים האלה אחרי הושדם . ביום
ההוא חֻלק דגן הרבה אבל הם מאנו לקבל כסמת וזרע אחר דומה לו
כי רק דגן ואכל טוב כאכל אשר נגול מהם . והוא (דף 161 א' , עמ' I
לא נסנע לעשות כן באמרו : מה לי אם צבאותי המשיחיים גזלו קניני
משלימים ופלשים ! זו הטוב הזה חדומה לטוב אדוננו ישוע המשיח
המזריח שמשו על הטובים ועל הרעים וממטיר על הצדיקים ועל
הרשעים .

גם למחרת ביום חששי נשארנו שם . וישלח את הפקיד חליבו לישר
את הדרכים ולסתם את כל חשוחות כי הפלשים השחיתו את הדרכים
איזה ימים מקדם למען לא יוכלו ללכת בם הפרדים והסוסים . וביום
ההואֵ תקן הפקיד חליבו ארﬨ המקומורﬨ הרעים ואת הרכסים ועשה
מסלה ישרה . למחרת חשבים ועשה דרכו למקום לַוֵרי וימד אותﬨ
בחבל ומאז אדם ובהמה לא נכשל ולֵﬡ נמעד בדרך חזה כי ימין ח'
סככה על דרך המלך .

ביום השבת נשארנו באשר חיינו ביום העבר . וכֵלֵב אחי רדאי חחל
לשרף באש ארﬨ כל חבתים עם כל אשר בם וגם את התבואות אשר

בשדות כי הבשיל הקציר ובא בעת ההיא, אף את האלומות הנצברות שרף באש באין חמלה . ככה עשה כאשבו כי המלך ילך לו כאשר תחסר לו הצידה ולא ידע כי משפט האל היה נגדו .

ואנחנו כאשר ראינו ארץ העיר מפארה מכל צד בירק הזרעים ובתבואות הקציר נלחצנו לאהב אותה וחפצנו לשבת בה כמו שאמר כיפא לאדוננו ישוע בהר תבור : טוב לנו לשבת פה .

אל נא נשכח את דבר רדאי אשר נבא נבא חריבו . השר חזה היה דַין (?) ושלח את נכוריו המַלמדים אצל אנשי שואדה אשר חַלֶק להם המלך . הנהר הנמצא ביניהם אין איש יכל לעברו או שלח דברי חרפה אל חריבו לאמר : פקיד גבור חריבו , ראה לפניך את ארץ הירושה זבת חלב ודבש על כן מהר לבוא ואל תתמהמה לרשת אותה ולחלק ארץ הצרידה . חריבו שתק ולא ענה דבר כי בטח בשופט צדק . ארץ צבאיו הנלחמים ביום ההוא הכו הפלשים וירדפום עד המורד אך לא אבד מהם כי אם אחד מגדולי העם . אחרי הדברים האלה שב חריבו למצבו בשלום

מן החרפה הזאת נפצע מאד לב המלך האדיר מַלַך־סַנַד ויבא אל סנן (דף 161 אח' , עמ' I) הביאה הזאת היתה כאומרת אל רדאי : אתה שלחת אל חריבו למען יבוא אליך אנכי באתי תחתיו לרשת את ארצך ; את אשר לא בקשת מצאת ואני אשר לא קראת עניתי לך ; וכל הארץ חרדה מאימתו כאמור הרעשתי ארץ ותמוט . טצרוצא נסענו ביום השני ונבוא ביום השלישי אצל חַניַת כלב . איזה אנשים ירדו אל השפלה בל, תתן להם פקודתו , הוא הראה להם מגנים ורמחים ויבא אצלם אחדים מהם והם הביאו מהם אצלו . אלה ואלה יראו מאד ויבנו להם חנירה לנכח , אך בלילה ההוא אין אחד מן הפלשים מתחזק לקרב אליהם להצר אותם כי אימת המלך הלכה עמם וטלאכו העיר סביבותם .

כל זה היה ביום 30 חדר . ביום ההוא היה הדרך שלשה ראשים (עמ' II) . נגד ההולכים בדרך השלישי קמו הפלשים בדעתם כי המלך הנוצח איננו שם וכי ילך בדרך אחר . פקטור בן הפקיד פנואל נצח אותם ויהרג רבים מהם ויתן למלך עשרים ראשים כרותים עם הצואר . הוא הנצחון הראשון לאדוננו ותחלת מפלת הפלשים . הוא העביר את כל הלילה עד הבקר ולא נתן שנה לעיניו ותנומה לעפעפיו כי חשב והנה איך יוריד אותו מן ההר אשר יחסה שם .

בליל יום הרביעי ערך את הצבא וילך להתגרות בכלב וישלח ארץ

אנשי המלחמה שלשה ראשים בדרך התחתון הלך הפקיד חליכו עם
בחר־אמבא ולפניו דַהְרנוֹת בַּהַרְנַנֶשׁ וַרֶן לפֶלֶך גִינַם . בצד זה נמצאו
הבחירים מגבורי המלך אשר מעולם לא הפנו פניהם בּרכּה ומיריַת
קלעים וחצים וישלח אותם בקלעים רבים לשבטיהם ולגוייהם והוא
התיצב לעבת כלב ומשם נראה עם צבאו ויעמד שם . המרחק המפריד
ביניהם היה שבעה קנים (?) ומעט יותר וגיא גדולה כאין עבר ביגותם .

כבדרה המלחמה בין הפלשים ובין היל המלך . ניגהג אנשי כלב
להלחם היה כי גללו אבנים על אויביהם וימנעום לעלות ממטה
למעלה על כן עֲלִיתָם אחרה לבא . בשעה השביעית צוה המלך
ליורות בתותחים [דף 162 בג' עמ' I] ובכיריה הראשונה הפיל ארץ
צַוארי־אַלַמָא ואשה אחת מתחבאה תחת עץ אחד אז חרדו כלב וחילו
חרדה גדולה כי נראה להם כי הרעם נפל משמים . דוֹבְעָא־סְלְטַן ירד
עליהם מן הגבעה כי הוא נשאר למעלה לשמר את המֶצֶר באופן כי
נמצאו הפלשים נפגשים בעת אחרת ימין ומשמאל ממעל ומתחת .
וכלב השתגע כי תעה לגבו מרב פחד ונצור מכל צד נסג לאחור
ויעל על צוק גיא גדולה עם אחדים משריו ואיש לא עלה לפניו על
הצוק הרם ההוא כי הפחד העלה שמה את חנאה הזה . הנשארים
כהילו ברחו מיראת התותחים ומגבורי המלך הדומים לגבורי דוד אשר
מרוצתם נדמה בכתבים למעופת הנשר וכחם לכח האריה .

בפעם הזאת חצי הפלשים נפלו בחנית וחצים השליכו את נפשם אל
תוך חגיא בנוסם וגם הבהמות כמו השורים הגמלים הפרדים והחמורים
נהרגו ולא השאירו חיים כי השמידום כאמור : ה' הכה כל בכור
בארץ מצרים מאדם ועד בהמה , כי אבא־נַוַאי קרא בחרם לבלתי
ישאירו איש ואשה וזקן ונער ובהמה הולכים על רגלים .

מקרה נפלא קרה אז לאשה אחת שבויה אשר הוליך התופש אותה
(עמ' II) ידרך קשורה בידו . ויהי כראותה כי ילכו בשפת גיא גדולה
צעקה : אֲדוֹנִי עָזְרֵנִי ! ותפל את נפשה אל הגיא ותמשך עמה את האיש
אשר קשר שלא יריצונה את ידה אל ידו . מה נפלאה גבורת האשה
הזארת אשר חרפה נפשה למות תחת הֶאָחד בקהל הנוצרים . אמנם
לא היא לבדה עשתה כן , נשים אחרות רבות עשו כן אך זאת היא
הראשונה אשר ראיתי מעשיה . מעשה הנשים האלה דומים למעשה
ארבעים האנשים תחת פקודת בן גוריון אשר נשבעו והתרצו למות
יחד בהרג איש רעהו תחת תת נפשם לממשלת רום וינותו כלם ביום

החוא רק יוסף לבדו נצל בחכמתו . בזאת נדמה מות הראשונים
והאחרונים כי נחרו לבוא עד מות כהִשָׁמֵע לאנשים אשר אינם
מאמונתם , כי היהודים אינם מתאחדים עם הנוצרים אף במלח אחת .

אנא נואי חשב ביום ההוא כחשבה אשר החזיק בה מאד . ויאמר
לחילו שבו פה כל הלילה לשמר את הדרכים מכל צד למען אשר
הרשע הזה (דף 162 א׳ח ע׳ם I) הנאשם מאת אלהים לא יוכל להנצל
אך חיל המלך לא הקשיבו אליו וישובו אל המחנה . בחר-אמנא
שנשאר שם בלילה לקח לו דרך קרוב לדרך (כלב) ולא ידע כי הוא
עבר בקרבתו . יען אשר עוד לא באה שעת הִתָפְשׂוֹ כשעת רדאי אחיו
ולא שערת הֵהָרגו כשערת חבריו . ואחר נח כחניתו ביום הרביעי
ולמחרתו עשה גנעזו (?) מן התחנות הזה ובצאתו עשה חניה בשָׁפִילֵי
ההר .

וכלב אחרי הטלטו טמות פג לבו ויהי כמטֻשָׁגע כי לא ידע אנה ילך
כאשר נאמר על איש הולך בחשֶׁך . המלך חזק את מקום תחנותו שני
שבועות ושם נקרה עם הפקיד הַכְל-גִּיּוֹרְגִּיס ואֵחֵתוֹ-יוהנס ופקיד סִירֵי
חַכְל-שָׁלוּס ועם כל פקידי תְנֵרֵי .

ביום בואו לחניח הזאת צוה חמלך לכרת את רגלי השורים והגמלים
אשר היו בעיר לטען לא יעצרו את הלוחמים בטצר במלחמה כאשר
התקוטמו חפלשים בנועזו כי דרכי הארץ ההיא צרים ועקמים מאד .
כאשו נקראה הפקודה הזאת אנשי הצבא המיתו ושחטו כמעט את
הכל ממצָנת ועד אתון (?) ובראותו זאת הכהו לבו ויאמר אל הפקיד
לעצר בשחיטת השורים בראותו את יגון אנשי העיר אך רנם הומתו
כי אוילי העיר הנקראים וַדָלָא מהרו את השחיטה .

אחרי כן נסע משם ביום השלישי עשרינם לחדר ויבא אל מָשֶׁחָא
ורדאי ראש העיר יצא לקראתו בעבר הנזור מזה אחרי קבצו את כל
אבירי חילו תופשי מגן בשני טורים והוא הירח באחד מהם . המלך
חתיצב לעמתו וישלח את חצי הצבא אל זמקום אשר היו שם לחמי
הפלשים בטור אחר והוא שלח לפניו את אנשי החיל מן החורים
ומחופשי המגנים ויהרג רבים מלחמי . כראות רדאי את יארת אחווחו
פחד ורעדה וינס אל דרך השָׁפֻעַ . האנשים אשר התיצבו במקום
אחר נסוגו אחור מיראת הגבורים הנלחנים עטם וילכו אצל אדוניהם
וינוסו לאחור בדרך הגבעה אשר לרדאי .

ביום ההוא עבר הפקיד תכל-גיורגיס את הנחר ויחן שם . למחרתו

נסע המלך ויעבר ארץ הנהר ויבא אל מחנה הפקיד תכל־גיורגיס .
למחר ביום החמישי נשארנו במקום ולמחר ביום הששי נסע משם
ולא כלה את השבוע הוא יום 23 לחדר . למחר (דף 163 ב'נ , ע'מ I)
הוא שבת היהודיט צוה את פקיד תגרי ללכת בדרך התחתון ולהותיל
עליו בקרובת גבעת רדאי . המלך הגוצח לקח את הדרך העליון ובקן
השבוע מצאנו את רדאי עושה מארב (?) לנפל עליו בהתהסות ובעצר
את מהלך הלחמים אך הפחד הזניחו לשמר את המצב הזה כי זכרון
נצחון המלך ביום השלישי הרעיד את נפשו .

אחרי עברנו ארץ המצר ההוא הלכנו מעט ונבא אל מקום רחב .
למחר בשבת הנוצרים חגינו שם . זה היה ביום 25 לחדר הוא כנן
ראשון , יום פטירת המלכה הגדולה סְבָל־וַנְגֵל אוהבת התפלה והצום
יראת אלהים ואוהבת אדם , תקֻבל נשמתה במלכות השמים עם
נשמות הנהים באמונה .

בשבעה ועשרים להדש ההוא יום השני בשבוע נסע מן המצב הוה
וילך מעט ויבא קרוב לגבעת רדאי ביום 27 לחדר ויראו אנשי המלחמה
את השבוע ויחרד לבם בזכרם ארץ מפלת הגבורים חברי הפקיד יצחק
בקרברת הנבעה הזאת . ואחרי כלות את השָׁמן הזה ביום השני הוא
שבערה להושט יום בוא נגברתנו כרים אל ההיכל (ע'מ II) יצא המלך
ויעמד בקצה השבוע ויחלק את הנלחמים לשלשה טורים וישם עליהם
שלשה שרים גדולים והם אבא נואי ויונאל ודחרגות ויצו את אבא נואי
לקחרת את מעלרה השבוע בדרך הֶעָקֹם והצר , ויצו ארת יונאל
ללכת בדרך האמצעי ואח דחרגות צוה ללכת בדרך התחתון אשר נפלו
שם חברי יצחק ובכל שלשת הדרכים קשתרה המלהמרה ובפרט בדרך
אשר נמצא בו דחרגות כי הציב שם רדאי צר גבורי חיל מלמדים
לעצר בעוליים , אך עזרת האל הגוצחת אשר נחה על המלך נצחה
אותם ויהרג את רבם ויהם את בחירי הפלשים . בדרך האמצעי ובדרך
התחתון ירדו (?) אנשי החיל נחלקים למחלקותם ולגווייהם ויתיצבו
ממול הגבעה וינגו תחנות וישבו יחדו . אבא נואי ההולך בדרך עָקֹם
הגיא גר בתוך מערדה באמצע הגיא הנראדה עם הגבעה . צבא יונאל
ודחרגות לא החיה פרד וסוס וחמור וכל בהמה אשר מצאו בשלל כי
אבא נו?? קרא בהרם לבלתי חחיות כל נפש מן השלל אך להרג אותם
כאשר אמרנו למעלה .

ביום השני הזרה כאשר ראו את אנשי דחרנות התיעצו צבאות

הפקר הכל-ניורנים וכל פקידי תגרי ויבאו מהחנונוהם התפשי (דף 163 אח' עמ' I)
קשת וכזן ויבאו קרוב לגבעה אז ירדו נגדם גבורי הפלשים ויהדפו את אנשי
הגרי וירדפו אותם עד חצי השפוע כי בפעם הזאת עשו את חניתם במקום גבוה
לגביעה ולא אבד מהם גם איש אחר.

למחר ביום השלישי הוא הרביעי לחדש הַהֶשֶׁט קם המלך וישאג כאריה
וירד אל המקום אשר שם צנאיו נתהים וילך בצעדיהם ויהי בעברו בקרבת
המקום אשר הלך שם חדרנות נטע אהלו. וכראות אותו היהודי המתקומם
על ה' ועל משיחו פחד ורעדה נפלו עליו עד אשר פתח פיו ויאמרו הנה זה
חפץ לעשות בי כאשר עשה באחי כרב, כי נפשו המשכלת הבינה כי יהיה לו
כאשר היה לאחיו. כלב זה נכא לפנים כאשר דבר עליו דברי חרפה על הנצחו
לאמר : הנצח בגבעה אשר אדענה? הלחמים לא יכלו לעלות עליה הוא הניח
אותם לעלות כאשר ראה כי פחדו ולא חשבו לעלות. כלב ענה ואמר : לא
יחדל לבא עליו כאשר בא עלי, בראותו את חרון אף המלך האיום וחרץ
משפט על הנצחו. דבר הנבואה הוה יצא מפי כלב ונשלם בעהו.

בערב היום השלישי עד בקר היום הרביעי חשב (עמ' II) מחשבת פחר
לעזב את קנו אשר חסה בו ויטאן להלחם במלך כי רוח הפחר אחזה לבו
ויקם בלילה ההוא אשר בו הסגיר את נפשו לאבא נואי וילך עם אשתו ובניו
ואחרים מיודעיו ויביאו אל תוך מערה מעל הגיא אשר לא בא שמה איש
רפגים ויפן את צבאו לכל עבר למען יסתרו מחמת המלך ואחר שלח חטשה
מלאכים אל האבא ואמר השבעה לי בבשורתך כי תמצא לי רחטים מפני
המלך וכי לא תרע עמדי. ובהתיצבו מרחוק קרא ואמרו דבר לנו אליך, שלח
לנו אנשים לקבל אותנו ויבאו האנשים ויאמרו לו כה אמר אבא נואי במה אאמין
לך ? לפנים אמרת יבא אבא נואי ואניד לו את כל אשר בלבבי. כן דברת
והורדתני מן התחנותי ואחר רמיתני ולא באת לראות פני על כן לא אאמין עוד
בך. ועתה השבע לי בתורתך ואני אשבע בבשורתי ויעש כן ויאמר ננמר הדבר!
ועם המלאבים שלח חטשה אנשים להביא את מענהו ואת חותם דברו אשר
ידבר ועתה יעשה כשבועתו, כי הכר יהיה בשבועה.

או שלח את הבשורה אל המלך לאמר : הנה בשורתך המלך, ה' סגר
את הפלשי הזה בידך. כשמעו את זאת לא התהלך המלך כנוים ועוד נכאה
לבו כאילו באה לו הונה בדעתו כי הוא בין פנעי מעשי (דף 161 פנ' עמ' I)
העולם הנשמי הוה, כי הבתוב אומר עת ליגון ועת לשמחה עת לנצחון ועת
להנצח. אך נתן תורה לה' לאמר תהלה לך הטרים את הצדיקים ומשליך
את הרשעים מכסאותם.

אודות רדאי נאמר כי יעץ עצה ארירה ומעשה איש חכם באמרו טוב
לעבד את המלך הזה נוצח הנוצחים מאשר אהננד לו אנכי אשר לא אדע
לעשות מלהמה בקלעים ובהיתהים. הדבר אשר דבר לא כזב הוא. ויבא
אל אבא נואי בשהר יום הרביעי ובזאת בקש רהמים מן המלך הרחום והחנון
הזה כאשר בקשו החוטאים את רהמי אדוננו ישוע המשיח האומר: לא באתי
למען הצדיקים אבל לקרא את החטאים לתשובה.

ואודות אבא נואי נאמר כי לא היה איש מלמד בטכסיס מלחמה ובכל זאת
עלה על הנלחמים בשדה קרב ולא נסוג אחור מיראת החרב וההנית. הביטו
נא אל נבורת הנזיר הזה אשר לא ידע דבר מלבד המלאכה העשויה בידי
הנזירים העניים ובכל זאת נבר על חניכי מלחמה אשר למדו להלחם מנעוריהם.
נפלאים מעשי ה' המגביר חלשים ומחליש נבורים כאשר אמר דוד
בתהלם קמ'ד: ברוך ה' המלמד ידי לקרב ואצבעותי למלחמה.

המלך הנבור הזה שקד כל הלילה בסבבו את הגבעה מכל צד (עמ' II)
ולפנות בקר עלה עליה ולא מצא גם איש אחד עומד נגדו. אבנים גדולות
שומות מסביב לשפת הגבעה לנל אותן במלחמה אהת מהן. ויש מהן אשר
שְׁמוּ בוטן המלך אסכנדר ובזמן המלך נאוד עליהם השלום יחננם וירחמם ה'
ומעשה האבנים האלה כן הוא: החליקו אותן כתוף ושמו אותן בכל קצות
הגבעה. לאחת קראו אור ולשנית קראו הַנֶך ולשלישית בְּוָא ויש אחרות אשר
לא נדע שמותן. את כל הכביד הזה יעשו לאבנים האלה יען אשר בטחו בהן
בעזבם את הנונע בארין והעשן ומפיר הרים נבוהים. וכאשר עלה (המלך)
אל הרשעים האלה רחפו אותן עוד יותר באצבעותיהם למען תנוללנה, כי
נחפזו ללכת בכל דרכים בנוסם. ובעלות צנא המלך על ההר לא מצאו דבר
מלבד איזה חרבות ושלטים (חניתות קצרות).

ואבא נואי כאשר בא אצלו רדאי הוליכו אל המלך (רדאי שם אפר על
ראשו ויֵצֵינו לפני הַסֵלֵלא) אהל המלך בבשת ובהרפה. ואהר כל אנשי
המחנה נדולים וקטנים אנשים ונשים הריעו בקול נדול כי כן דרכם לקרֹא
בקול שמחה לכבוד הנוצח. אולם המלך המשיחי הזה לא התהלל בזאת
כאוילים המההללים בנבורתם ומתנאים ברך עשרם כי נתן תורה לבוראו
באמרו זאת היתה לי בנבורת אדני ישוע המשיח.

אחרי כן אמר אל תירא כי יקרך כאשר חשבת אך השמר פן תחטא עוד
ואו יקרך דבר רע מזה. ויבא את אשתו ובניו וקנינו וישיבם לו אבא נואי.
לא מצאו רכוש רב כי מעט בנדים יען אשר לא קבץ הון כי עובד אדמה
היה ואכל לחמו בזעת אפו.

ביום הששי בששה בחדש החמש עלה אנא נואי אל הגבעה העליונה
ויבא שמה דבגא עם הַתֵבות (ארון) ישוע וכיי הקדש אשר יקריבו בם קרבן
הקדושה גם הוליך שמה כהני הכנכת ומשוחרים מְפֻקְדִים לעשות את הקרבן
כבני אהרן והעלה את הקרבן. מטרת מעשה הקרבן היתה לְקַדֵש את המקום
אשר נטמא על ידי חזירי היער ונרעה מאת היה השדה,

ביום הראשון עלה המלך על ההר עם צבא רב ויבא אל תוך הכנכת ההיא
להקריב קרבן תודה לה׳ (עמ׳ II) במקום אשר לא קראו בו את שם רבותנו
טרים ; ויעש את קרבן הבשר והדם אשר לבן האלהים הנעשה אדם על ידי
רוח הקדש והבתולה הקדושה. המטרה השנית היתה להפיץ זכרון המעשה
לדור יבא אבות יספרו לבניהם ובנים לבניהם למען ישימו באלהים כסלם
ולא ישכחו מעללי אל ונפלאותיו אשר נעשו בגבעה הזאת. ביום ההוא הקטיר
עשבי קטרת טנר בהזכירו את נצחון המלך ומפלת היהודי כמנהג כהני
איתיופיא לשיר בכנכתה שירי דרוש בהזכירם את מערת המלך בזמנו.

אחרי כלות הקרבן יצא מן הכנכתיה ויעש משתה גדול וכעודה שמנה
ויקרא לפקון ים ולראשים וגם לנערי השרים התיכונים וַיֵנַש להם כל דבר ולא
החסיר אותם מכל אשר שאלו. ותהי שמחה גדולה והכהנים־אמרו : זה היום
עשה ה׳ נגילה ונשמחה בו. בשעה התשיעית ירד מן הגבעה ואז קבלו אותו
שאר הצבא בירית קלעים ותותחים כפי מנהג התרכים והפרנקים ויהיו ביום
ההוא בשמחה רבה.

שני שבועות עברו כמצב הזה ובשביתה הזאת אמרו אנשי המחנה : רדאי
יברח ממנו (דף 165 אח׳ עמ׳ I) וילך אל עמיו, טוב לאסור אותו וכאשר נצא
מן סטן ונבא לגובאי נתיר איתו. אז שמו עליו כבלי ברוך והמאסר הזה לא
היה למען עשות לו רעה אך למען לא תהיה מהומה בעיר ולמען לא ישוב
הרשע להיות מלך כמנהגו.

ועתה נודיע את סוף ענין האבנים אשר זכרנו. ביום אשר עלו אל הגבעה
דחפו הפלשים אחת מהן הגדולה מכלן וכאשר נגלו אותה. ירדה לטטה בהדקה
את כל אשר מצאה לפניה, ובכלותה לגל חדרה בעמק האדמה שתי אמות מרב
כָבֵרה על כן חשבו כי בפגעה אדם עוד יוהר יהיה לבשרו ולעצמותיו
אך לא מצאו דבר מהם. תהלה לאדוננו ישוע המשיח אשר הגין על המשיחים
ולא הניח כי יאבד אדם באבנים האלה.

ועתה נזכיר את מתן הנצחון אשר חנן ה׳ את המלך, לא ברב ימים ושנים
כי אם ביום אחד בפחד חמתו ולא במלחמה כאמור על ה׳ ; מביט לארץ
ותרעד ותעשן. ויחן האלהים אשר נח על המלך הזה האוהב אותו הצר והרעיד

את רדאי ואת אנשיו עד אשר עזבו את הגבעה אשר חטו בה וינוסו בדרכים
רבים בטרם הנצחם. הגבורים אשר קמו בזמנם היו לעמתו חסרים וקטנים
עמד אספסינוס וטיטוס בנו ויצורו על ירושלים מחוץ לחומה חנו שלוש שנים
בסבב אוהה מכל צד ובקץ שלוש חומות. ומעם היהודים הרגו את הגבורים
וישבו את הרב מהם, ומאז ועד היום הזה אבד זכרם ואשר נצלו מן ההרגה
והשבי נפזרו בכל הארץ. כל נצחונות הרוטים האלה דרשו שנים רבות.

מרקום פקיר בניטדור בזמנו עד הספור ואדיר המלכות בימי המלך בּאַר־מַרים
ואו (?) היו הפלשים האלה אשר נכתב זכרונם. וילחם מרקום עמהם ויחן
שבע שנים ברנג נבעהם ואחר נצח אותם ברב עמל וערמה ויסגירם בידו
ויכבש את כל עריהם. ואחרי כן באה לו מחשבה לאמר: איך אסלח לארורים
האלה אשר יקציפו תמיד את רוח הקדש ברע מעשיהם, טוב להשמיד אותם
מלהניחם בחיים. בדברו כן צוה את הכורו להכריו ולקרא לאמר: כל פלשי
יבא אל אשר צויתיו ואשר לא יבא יהרס ביתו וישלל רכושו. ואתר נאספו כל
הפלשים מסביב לשופט מרקום וההי אספה גדולה ואז צוה את אנשיו לכרת
את ראשם בחרב עד אשר נול דמם (כמים) ופגריהם מלאו את השדות. אז נמלא
דבר הלעג אשר אמרו אבותם ביום צליבת אדוננו לאמר: יהי דמו עלינו ועל
בנינו.

המעשה הוה נהיה זה ומן מעטו אסרמור סגן (דף 165 אח' עמ' I) צבא
אבן־אתמן התיצב עם צבאו קרוב לנבעה נמצאה בארץ זביד ואנשי הגבעה
ההיא הֵרעו לאבן-אתמן בימים ההם על כן בא אצלם ויבן תחנות קרוב לנבעתם
וישב שם שמונה שנים בהלחמו עמם ובקץ השנים והימים האלה נצח אותם
ויכבשם וישם עליהם מס. הנצחון הוה דרש ימים רבים כאלה (ובכל זאת)
הפליאה את כל ראיו ושמעיו. גם אנחנו נתהרה ונאמר: נפלא נצחון המלך מֶלַך־
סֶנַך אשר לא שהה שלוש שנים כטיטוס ולא שבע שנים כמרקום ולא שמונה
שנים כאסרמור, כי אם ביום אחד בעור היד החוקה והזרע הנטויה אשר
השמידה בלילה אחר את חיל סנתריב. ה' השפיל תחת רגליו את ההרים
הגבוהים אשר ראשם מגיע השמימה כנאמר אודות מלכי כנען: חומת
מבצריהם הגיע עד שמים, הדבר הוה האמור על אודות גבהם נאמר גם אנחנו
על הגבעה כי נראתה כנוגעת בשמים

ביום אחד ועשרים לחדש תחשש נסע המלך הנוצח הוה ממחנהו מלב ההר
אל המחנה אשר למעלה אשר היו בו (עמ' II) אנשי נואו. ביום ההוא עשה
שמחה גדולה עם אבותיו ואחיותיו ושאר קרוביו. ושמחתו לנפשו היתה
תהלת ה' אשר הראה פלא בירו.

ביום התשעה ועשרים לחדש חג הולדת אדוננו ישוע המשיח היתה שמחה
גדולה ובערב היום ההוא לבש את הירואן אשר ילבשו השרים ועטר את כתר
הכהונה אשר יעטרו הכהנים בהמשחם. או אמר נמשחנו במדרגת נבר-אד
למשמרת אבסום למען תֵבות אלהי ישראל. לכן הו משטרת אבסום הנה הגעה
למדרגה העליונה, לפנים קדישו אנשים שפלים כ'דרך עתה נאחד עם יקר
המלך עתה כתרך כתר המלוכה. ואחר הלך לאוצ' לשכת ההבות אשר
לרבהנו מרים ואל כנסית אדוננו ישוע המשיח ויחלק להם מה.. בהשתחותו
כאשר יעשו הפקירים הזורים לפני המלך. ויאמר אל עסבי קח את יקרי כנבו-
אבסום התת יקך נבר-אד. וכן נעלה על ראשי אבסום ער אשר היה במקום
המלך וכן גם יקך אבסום בעלה והגיע למדרגת המלוכה. איש לא עין
התנגד למשרת הבהונה הזאת כמו הרקנוס אשר ההגרה בארסטובולוס בעה
האחיד בנפשו את המלוכה ואת הבהונה אולם כל הבהנים אמרו בקול אחד
נאה לו שלוש פעמים, זה היה במקום אשר חנה שם ובנסעו מחניתו
הראשונה מהלך שני ימים (דף 166 ואח' עמ' I) בחניה הזאת עשה את חג
המבילה וישב שם שני שבועים.

לא נהרשל לכתב על רע ארץ סטן. כל דרכיה עקלקלות ולא ישרות
ומרביהן שוחות ולא ילכו שם סוטים ופרדים ותמורים אם לא אחד אחד ועוד
בקשי רב. הרעה השנית היא הקר החזק ביהר שאת ער אשר לא יוכלו
העוברים לשבת שם מרב הקר מלבד אנשי הארץ אשר הורגלו בו. הרעה
השלישית היא השלג הנופל המטר טמעל ומתוות בפעם אחת והאדמה תרהה
מתחתיו. ביום אשר חנינו לרדת אל נבעת כלב ירד שלג כל היום בכל מקום
ובהיות הבקר ראינו את הארץ אשר היינו בה והנה מלאה שלג מסביב. ואנשי
החניה כאשר ראו את השלג נלאו ללכת אנה ואנה ולא לדרך על עפר הארץ
ער אשר אמרו המורים המקום הוה דומה לערי מצרים אשר נאמר עליהן
נתן גשמיהם כרר.. אך ברד העיר הזאת רע מברד הערים ההן כי העיר הזאת
הברד הוא נשמם ובערים ההן לא חזקה ירידת הברד כי אם פעם אחת וזאת
לענוש את פרעה.

הנה נכתב בוה את מבוסת רדאי אשר נפל כסנחריב בבזיון, ונבוה כשטן
על נאיתו. הוא נתן להרי עריו שמות הרי ישראל לאהד קרא הר סיני ולשני
קרא (עמ' II) הר תבור ואחרים אשר לא קראנו את שמותם. מה רעה נאות
היהודי הוה אשר המשיל את הריו כשטות הרי ישראל אשר ירד ה' עליהם
ונגה להם מסתרי מלכותו.

והמלך הוה קם וישם את פניו אל אַקַטא ובעברו מעט עשה חניה ביום

תשעה עשר לחדש טֵר ושם כלה שבוע אהד והצי שבוע ויקם בשלושים לחרש
וירד במורד בדרך צר ועקלקל. ביום ההוא אבדו הרבה בהמות משא כהמורים
ואתונות (?) ואחר רדתו עשה חניה ולמחר באחד לחדש יֵכַתִּית אחינו דרך
מעלה מֵטַחָא ביום ההוא היה מֵצַר גדול רע מאתמול וכאשר נאספו האנשים
והבהמות העיפים מצאו יגון וצער עד אשר היו כאשה מקשה ללרת. ואחרי
צאתם מן המעלה עשו חניה. ואבא נואי יצא אחרי כלם וסמך כושלים והקים
נופלים ולמחר ביום השלישי כלינו שם את היום.

ביום הרביעי נסענו ונחן במקום רחב. שם היינו ביום לפני הצום ונחזק
שם את המקום (דף 166 אח' עמ' I) עד היום הרביעי שבת הצום. ובהיותו
שם שלח (המלך) אל כל העיים ויחזק את אנשי העיר אשר נמלטו ממות
ואל כל אשר התחבאו בהרים ובמערות ויצו את הבורו לאמר להם ז אל תיראו
ושבו בארצם אך השמעו אל אשר אפקרנו עליכם. ואחר נסענו בעשרים
לחדש מַגְבִית ובצאתנו מן המעלה עשינו חניה ושבתנו בשואדא ומשוארא
נסענו ביום חמשה עשר לחדש מַגְבִית ובצאתנו מן המעלה עשינו חניה
במקום אשר חנינו בראשונה וטשם בתשע שעות מהלך יום אחד (?) באנו
אל כוכני ושבתנו שם וביום השני עסק לשלח את קצין תגרי הפקיד הבל-
ניורנים ואת הבחר-נגאש סנחת-לאב ואת כל פקידי הגרי וביום תשעה
ועשרים הלכו פקידי הגרי לפקודתם וגם המלך בא אל תחנותו ניבאי בשבת
השביעית לצום בחמשה ועשרים למנבית וביום השני שלח אה דחרנות ואת
וַנְקָץ זאת הגוגם-ננאש קוומום בתהו להם אותות יקר וברכה טובה מאת יקר
ופקודות על אשר חזקו ולא חשכו את נפשם כהלחמם (עמ' II) עם אויביו וכבאו
אל נובאי מן המלחטה לא עשה שמחה כנהוג כי ימי צום הם וחבמי הכנסיה
קבעום יטי תוגה אך עשה שמחה אחרי עבר הצום בחרש הפסח עד אמרו
הטורים טובה היא כפלים מפסח יאשיהו.

פה עשינו התימת הספר הזה באמרנו תהלה לאל אשר נתן נצחון למלכנו
מלך-סנד ועלינו יהיה חסדו ורחמיו לעולם ועד אמן ואמן.

נשלם ספור היהודים הזה בשנת 7703 משנות העולם היא שנת 1868
לאלכסנדר היא שנת 1573 להתנשמות אדננו ישוע המשיח תהלה לו 1297
לעֵדים, שנת שמונה עשר לסלך מֵלֶךְ-סֵנַד גבור ונוצח במלחמה יחזק ה' את
כסאו כרקיע השמים ויאריך ימיו כימי שני עצי זית אמן ואמן.....

לפנים (היו) תשעה שבטים אשר שבה אותם שלמנסר ויעבירם את הים
ויושיבם בארץ רויה הנקראת ים (?) החיים ..... (עמ' II)

אז היתה החריפה בגובאי ובהיותו שם יצא קול אומר הפלשי פשט בארץ

ונרא ויבער באש בתים רבים וישב אנשים ונשים, המתים והנשבים מעטים
כי ווזה רדתם כגנב בפחד מן המלך. וישמע המרך ויבער באש כי התגאה
הזבוב על הגלב והההתגאות הזאת רומה להתגאות השור על האריה הַמְשַׁבֵּר
אותו ולהתגאות השה על הזאב הנושא אותה. לו היתה בו תבונה כי עתה
לקח מוסר מאבן הגבורים אשר נקראו בשם ונכתבה גבורתם ובקן זכרון
אברנם. אולם השיל ה' רוח שגעון בלב היהורי הזה לשבח את אבדן עמו מקדם
עד אשר עשה נדוד על המשיחים ושבה אנשים ונשים וסבה אברנו.

והמלך צוה לאמר : כל אשר לא יבא אל פתחנו ביום אשר צוינו אם לחם
אם רוכב ורגלי יורש רבושו ופקודתי יקח אתר. וקול הגזרו סבב ואמר כן
ויקם מנובאי ויעש שבת בכֶּכֶבְּי אשר בונרא וביום ההוא היה יַמִּו (דף 167
אח' עמ' l) אשר לו נאה הכבוד והתהלה והמלוכה. ועור שבת בשואדא ומהלכו
היה בכברות אורות העורים והפסחים ובעלי מום אשר הלכו אחריו אל מקום
המלחמה למען העורם ידו הפתוחה והעוזות לעניים ולדלים. ומנהגם ללכת
אחרי הרתום הזה אל מקום אשר הלך התיל בגלל טובו זה כאשר טאנו להפרד
מארוננו ישוע המשיח האנשים אשר השביע בחמשה לחם ובשני דנים כאמר
וכן אחר אות הלחם הזאת לא נהנם להפרד טטנו כן לא אבו העניים והרלים
להפרד מארוננו ונם כאשר קרא הכורו את הפקודה מאנו לעזבו וילכו אחריו
ונם לא קצף עליהם כי עברו על דברו אבל הטך נכשלים והקים נופלים.
ארוננו אמר אל האנשים ההולכים אחריו : לא תבקשוגי בעבור האות אשר
ראיתם כי יען אשר אבלתם לחם ושבעתם. זה נותן להאטין כי ירע את
טחשבותם ואה אהבתם לתועלת הגוף. וארוננו לא אמר להם דבר להעציב
יכם כי דבר אליהם רכות כאב רחום, ועם זאת הרבה בתפלות ובחחנונים
לפני ה' לטען יראנו במפלת אויבו היהורי (עמ' ll) הַנֵאֶה אשר שמו היה רע
טטעשיו וטעשיו רעים משמו הנקרא גושן. והוא טקרובי משפחת בית נגירם
אשר הפיל ה' בירו המלך אשר הרחטים והמשפט בשתי ידיו ביד אחת וסר
ורחטים והשגנבת אטנים וטירו האחת תצא נקטה ומשפט אשר ישפט את
הסוררים. אוי לאיש הנשפט בחמתו ואשרי האיש המוצא חלק מירו. נהלל את
אשר ייסר כמשפטו ויוחנן ענים ברחמיו ובחסריו.

ואחרי כן הגיע המלך קרוב לנבעה אשר הסה בה גושן בחדלו לחסות
בה' הנונע בהרים ויעשנו. ובוא המלך היה בשבוע השלישי ביום השביעי
לחרש תחשש ואנשי הצבא באו אתריו ויכדר אותם ברגלי הגבעה ההיא למען
ישמרוה טכל עבריה ויכלאו אותם משתות טים. דהרנות עם חילו חנו בצד
אחד וכלן עם כל הצבא בצד אחד וכל הצנאות לפי סררם ופקורתם עשו

מחנה במקום אשר נפללהם בחלק יונאל ואנשיו נתתי במקום הגבוה מכל
ויסהמו את כל בארות המים אשר היו בצרי הגבעה. ובקרבת הגבעה הזאת
היתה (דף 168 פנ' 1) נבעה אחרת שפלה מכל הנקראת שֶׁבָנָא וברגלי הגבעה
הזאת עשה תחנות הפקיד נבר-איסוס ואברהם לבחלקותם ולשבטיהם ושֵח
אַנְנֵי עֲקַבְ־מִיכאל ממקום נכוה מהם בטור אחד עם אנשיו צורו את הגבעה
והעוינדים מתתת לנבעה היו גִיךָבָּרָא חזקים במלחמתם ונכבדי מִשָׁפחה
בשבטם. וְיום אחד שלח אל אחד מגרוליהם דברים טובים כאיש שלום ומבקש
תואנה לפתותם ובערב היום ההוא צרר את שח-אנני ויהרג רבים וגם את
ראשם עקב-מיכאל הרג. כשמע המלך את זאת ישאג כארי ויקרא למקאבים
(ויאמר לו) לך עם אנשיך ועשה תחנות במקום אשר עמד עקב-מיכאל והתחזק
להלחם בו עד אשר תְנָצֵח או תְנָצַח והוא אמר כן אעשה וילך אל אשר צוהו
ויתפש את המים אשר ישתה הוא ובעירו ובין שתי הגבעות מֵצִי אשר יסורו
שמה להתיעץ ולהלחם ויעמר שם נבורים לבלא אותם מהתעזר בדבור ובמעשה.
וכאשר ארכו ימי המלחמה צרה להם הישיבה בכל מקום וצבאות המלך
כאשר רעבו והצטערו חרשו ויאמרו ממותנו ברעב טוב לנו למות במלחמה עם
אויבי אדוננו כנאמר (עמ' II) טוב הרמח מרעב ומחשבה הזאת נשאה אותם
חכמת ה' המשבהת מלחמה מקצות הארץ ויעשו מלחמה לעלות אל הגבעה
ההיא ויחזקו את לבם למות וגם הפלשים חזקו את לבם אולם ה' הטיל פחד
בלב הפלשים ונבורה בלב הנצרים ויחלו החיל וצבא המלך לפור אה נבוהי הלב
ויַמנר את החזקים ממעמדם. וזה הטוה כי ינרשו התחתונים את העליונים כי
כן דרך, ה' להשבית משנבים והפלשים האלה עלו אל הגבעה העליונה אשר
היו בה נשיהם וילריהם. והנצרים תפשו את הפלשים היושבים בה ואת המים
אשר ישתה האדם וגם בהמות הפשו. ואחרי שבהם מעט כאשר הצטערו
בצמאה למים שלחו אנרת אל גרולי אנשי וסנני זקן הבלתנות הגדולים אשר
צֵין (?) והלל מנבורי צבאו אשר עשו להם שם בנבורתם ושר הצבא אז היה
וסנני ונם שלחו אל מקאבים שר הבלתנות הקטנים עם אנשיו למען יעזרו את
הלחמים בנבעת שֶׁבָנָא. ואחרי בוא מקאבים שלחו הפלשים האלה אנרת אל אנשי
סוורום בבקשם (עמ' II) שלום. ודבר אנרתם כן יאמרו שלח בעדנו אנרת אל
המלך וישלח לנו את יונאל לקבל איתנו וחטאתנו יסלח לנו, הנה חטאנו עם
אבותינו הרשענו ועוינו, כרא את החטאים להשובה המציאנו רחמיך, תקות
החוטאים, בקט את השיות הנדחות, אל תדיחנו מעדרך ואסף אותנו עם
הצאן הרועה במרחבך (?). וכאשר ראה את האנרת הזאת רך לבו עליהם כאב
רחום וישלח את יונאל לקבלם ויאמר אליו אל תרע להם ולאשר עמם. ולא זכר

נקמת דם עבדיו אשר נשפך בידם. מה יפה מוב המלך הרחום הזה הרומה
למוב האדון ישוע אשר התפלל בעד צולביו באמרו אבי סלח להם.

כאשר בא לרגלי דגבעה אמר לפלשתים באתי לקבל אהבם ואשיב עמכם
בכל, וכשמעם שמחו וירדו עם כל רכושם ולא השאירו גם כפים מבתיהם. וכאשר
באו אל יונאל הגיד להם את דבר המלך שבו יאמר המלך לכם; ונם בזאת
שמחו עוד יותר כי ידעו אותו בעת אשר היה בידו שלמון סמן. אך הבלהנות
אשר היו עם וסנני ומקאבים רצו לבו אותם ולא הניחם יונאל כי ירא כמצוה
המלך וילכו אל התחנותו ויתן להם חניה רחוקה מעם ממני, והם קרבו (עמ' II)
אליו אך יונאל כמנהג האנשים לתת מתנה ימחוננם סך שבעה צמדי בקר
וכבשים גם כן שכעה וגם חרבות עשר במספר הביאו מנחה לכבודו והוא
אמר אני רוצה בכם ולא ברכושכם, והחרבות תלחמו בהן את אהבכם אשר
היו לאויבי המלך והמלך יהן לכם הון וגם אני אדרש לעורכם בכל יכלתי
כמתנות אדוני. וזאת דבר למען המב לבם אשר לא יחשב מוב כי אם רע ולמען
מהר מחשבתם אשר לא המהר ממרמה.

ומה אמת נכתב לרגל זאת. ובערב היום ההוא חמשים איש מבהיריהם אחו
חבר וחגורי ממבח הנקרא שוהל עמדו לפניו ויאמרו הרשנו לדבר לפניך כי
צרך לנו. אולם הוא השר אותם ויאמר אליהם לכו אל חניתהכם ובבואכם אחרי
כן הדברו עמי ויצאו וילכו אל חניתם. הליכתם ואת מפני יונאל יש אומרים
כי היתה לשמר אותו ויש אומרים כי יחוננם ללכת להם בכתר ולבי לא חשב
ואו הלכו בכתר וכשמעו את צעדת רגליהם הלך יונאל אחריהם עם אנשיו
וימצא את המאחרים ויקח את מגניהם ואת רמחיהם ואת כלי מלחמתם נתן
לאנשיו, ואת חצי אנשיו שרח אל נשיהם (דף 169 פנ' עמ' I) וילדיהם והוא
חזק את לבו וירדף אחריהם ובלכתי מעט וימצא את המארחים, מהם הרג
ומהם התפש והנמלמים עולים לשבעים או לשמונים התפושים חמשים והמתים
עשרים ואת הכל נתן לשמר לאנשיו אשר עשה לקהל אחר ולמחר הוציאם
אל מקום רחב ויהרג חצים ברמח וחצים בחרב.

ואל נביא השקר הוא נביאם אשר התאחר מותו, אמר (יונאל) אם החפין חיים
שאל ואמורו רחמני למען מרים, ואם לא החרב לפניך. ויאמר (ראי) הלא
אסור לזכר את שם מרים בפי, נם אם אמות טוב אם אעבר מניה שקר אל
נוה אמת ומחשך אל אור, מהר להמיתני. ויאמר אליו יונאלו אם בחרת מות
מחיים יפה מותך והמה את ראשך ויט את צוארו ויכהו בחרב ובפעם אחת
כרת אותו ונגר את שתי ברכיו ואחרי חזפה את כל זהי באה לשון החרב
בתוך האדמה בערך נפח הוד ותשבר את אשר היה בעמק האדמה, והרואים

התלפאו על חוקת החרב ועל גבורת היהודי עד המות, המואם בעניני הארץ
והמוצא טוב בעניני השמים. מות כזה נאה למשיחיים (עמ' II) כאשר אמר
אדוננו (ישוע המשיח) מי אשר יכירני לפני האנשים גם אני אכירנו לפני
אבי שבשמים. אבל לוה מותו לשוא כי אחריתו לשאול.

ואחרי כן נתן יונאל מנחה למלך כאשר יתנו הלוחמים לשרם ערך מאתים
עבדים ושפחות מנשיהם וילדיהם ויברך אותו המלך. ואחר באו האנשים
אשר היו בשכנא אל ורק-אמבא וברגלי הגבעה הזאת עשו תחנות עם הקודמים
ההם. בפעם הזאת בא פחד בלב גושן ואם לא חזקו ה' נפרדה נפשו מגופו
בראותו את רב מספרם ואת הצרם על גבעתו. וירעד כנבל מגערת דויד
האריה וכמו קין הרועד, אך לא בא יום מותו. ובבוא המלך נשלם דבר דויד
האומר רעדה וחלה הארץ ומוסדי הרים רגזו והתגעשו כי קצף עליהם. וַיָּ֫קֶן
כל האנשים ברעב כנאמר ראשית חיי אדם אבל ומים ומבלעדיהם לא יחיה
האדם אשר הוא חיה מדברת. והמתים ברעב מאתים וקבורתם בארות ושוחות
והניחום שם בלי חפר קברים. ובוום ההוא קמו שני אנשים ואמרו נעלה על הגבעה
הזאת ואחרי רֵדֵנו את דרכיה נשוב; אבל עֵקֵב מותנו מה (יהיה) שכרנו ?
וכשמע המלך את זאת שמח ויבטיח להם מתנות רבות ובתקוה הואת הלכו
אל הגבעה (דף 169 אח' עמ' 1) אשר לא יכל (הצבא) לעלות (עליה ודרדת
ממנה) וכאשר עלו מצאו שומר אחד כפי הגיא הזאת ואחרי קחתם מִקְ֫רשָׁא
זִיבִ֫יֵת (?) חזרו למקום שעלו בו. ווה דומה למעשה שני האנשים הסרגלים
אשר שלח משה (צל' יהושוע) לארץ הירושה אשר הבטיח ה' לבני ישראל
כאמר: אתן לכם ארץ זבת חלב ודבש, ובתקוה הזאת חוק ולא נואש לב
ישראל מהתקוה ושני הגברים ההם אתרי קחתם מקרשא מבית התקבצו וימהרו
לעלות. ויאמרו לאלה מה צריך לנו ויאמרו חבלים וטמנא בערך שמונה
וחמשים וכאשר הביאו להם כרתי עצים בערך אמה ואחרי אסרם האסעו
ההם באחר עשר שטנא אשר יניע שאלה עד תחתו, יעשו סלם למדרך רנך
ויקשרוהו אל עץ אחד הנמצא בראש הגבעה ואחר בתרו כשלשים אנשים
הוקים ולמודי מלחמה אשר עשו להם שם בוטנם ונם מן התרכים בתרו ערך
תשעה נברים ירועים בכחם ובחזקתם. ובעלותם אל הגבעה ההיא הרגו את
השומר אשר וכרנוהו למעלה ומשם באו אל התחנות גושן ובחצות הלילה
היתה מדומה ויציתו את התחנות באש ותהי זעקת פחד נדולה בקרב הפלשים
וקול נבורה בקרב המשיחים.

וכשמע המלך את קול צעקתם ואת שרפת בתי התחנות וידע כי לכדו את
הגבעה כי אמר להם אם תלגדוה (עמ' II) הראוני את שרפת התחנות ונם

הצבא אמר כן בזה הודיעו את לכידת הגבעה. ואו התחרו דב אנבכא ונסרקנא
וסנתי ויעשו שמחה לצנא המלך עד להפליא.

וכאשר שמע נושן את הצעקה מכל עבר חרד מאד ומרב ההרדה סר שכלו
ויבקש כי תבלעהו הארץ כדתן ואבירם וכי יפל ברק ויתקעהו בתוך האדמה
אולם לא היה מותו בזאת. ואחר חשב לאבד גֵוו ונפשו מהָבָּנע למלך ויבחר מות
מִנֹנַע יד משיחי, ויחשב זאת וילך עם קרוביו ונאמניו אל הגיא ויפלו קרוב
לתחנות בלן. ויכרת בלן את ראש נושן ואת ראשי האנשים אשר עמו ויתן מנחה
ליונאל את שללם כי הוא שר הצבא. ותהי שמחה גדולה בתחנות יונאל על
הרגת נושן ואנשיו.

ועוד נכתב ספור הצלת גדעון מטות ביום ההוא. כאשר הפילו את נפשם
אל הגיא נושן ואשר עמו, נמלט גדעון בדרך ישר אשר ילכו בו, ונשיו ואחותו
השליכו נפשן אל תוך הגיא ותמותנה קרוב לדרך גדעון. מה יפה ומה נאררה
מחשבת הנשים החלשות אשר לא יראו מפחד המות, ואיך עוד יותר התהללו
אם היה מותן ביטי שבעה הילדים אשר הרג אנטיוכס עם אמם (דף 170 פג׳
עמ׳ I) ואביהם, כי היה מותם בשטירת דת התורה הישנה בעת ההיא לפני בוא
הדת המשיחית, ומות הנשים האלה לשמירת הרת אשר הופר ובטל חקה ולא
באמנת המשיח אשר נשלחה לארץ במלאת, אשר מתה בערה ארסימא ונשים
רבות כמוה בצער טיוחד לכל אחת מהן והניחו שם טוב אחרי מותן; ואלה
הניחו (חרפה) תחת תהלה בטאנן להאטן בלרת ארוננו (ישוע) המשיח
מרבהנו מרים כלי מָרָבָן, המביאה בסלכות השמים, ותלכנה בררך עקלקל
המביא לשאולה.

וגדעון אטר לאשר עמו האח! נשרט אותנו בתרבות ובחניתות; עתה טוב
לנו למות מהשֶבָה. הלא שמעתם את אשר אמרו אבותינו בהצר אותם סימום בן
אספסינוסן מוב למות בכבור מחיות בחרפה; וַיֲחַזֵק אותם בדבר הזח; וילכו אל
מחנה דתרנות ויעברו בינותם. ועברם בשלום יש אומר כי עברו בהחבא (?)
וכאשר ראו אותם ידעו כי חוקן נפשם למות עד אשר לא אבד אחר מהם
אך נצדק את האומרים כי עברו כלילה ואם לא, הם אשר כא רבו מעשרה
נושאי מגן איך נמלטו מאלף נבורים מלמדי מלחמה חופשי טאן ורמח, ועל כן
נצודק את דבר האחרן ונכזיב את רבר הראשון. וכן נמלט עד בוא שעתו.
ויונאל הביא שלל נושן אל המלך וביום אבֹרן (עמ׳ II) נוֹשן אויב טרים, אשר
לכבור שמח נאה להשתחות, אחרי אשר נאספו כל הצבאות ואשר יסבו את
הגבעה עם יונאל הביאו את ראש נושן ואנשיו אל המלך למנחה כמנהג בנצחון
הטוררים. או עשו שמחה עד אשר נשמע קול שמתם בהרים ובגבעות ובכל

מקום וְהִנֵה וְהִנֵה וְתַהֲימֶנָּה הַנָּוות. ולי נדמה האמור נע בהרים ויעשנו ברק
ברק ותפיצם שלח חציך ותהמם: וזאת אשר יאמר היא ירית הקלעים אשר
למלך. והיום ההוא היה יום פטירת רבתנו מרים כאשר כתבו בסנכסר
אבותינו הנכבדים אבא מיכאל ואבא: יוחנים אפיסקופי מליו ובורלם ולא ביום
אחר אשר כתבו אחרים כיום פטירת רבתנו מרים.

ואז כתב בשורת שמחה אל המלכה ואת הנס אשר נעשה להם בהרם
הגבעה הרומה בִּנָבה לשטים וזה למען יודו לה'. וישלח ביד הבלתנא המשתדל
תמיר אצל המרכה ואצל המלך. והמלכה היתה ביום ההוא בהפלה בכנסיה
ותחנוניה היו בעד המלך, ובפעם הזאת נמשלה לחנה בת פנואל אשר לא
יצאה מן המקדש יומם ולילה בצום. ובהפלה. וגם לבודרי הרים ולנזוירים היו
נותנים מכתב להעיר ביום ובלילה, ובתפלת הקדושים האלה נתן ה' נצחון
למלך שַׂרֶץ-דֶּנָּל אשר על ידו היו הַנֵּסִים אשר וכרנו אותם. ובהגיע הבשורה
אך וזמלך ביד הבלתנא קרא לעסבי ולפרקרימוס למען יקראו את הַמכתב הנקרא
ירנגמת אשר נאמר על המלך בחן בעבור יפי תכונתו ומובו. הפסיר בחיל-שלום
(דף 170 אח' עמ' I) וטורה הסדר אבא אמחא-גיורגיס, אלה כלם היו אצל
המלכה בעת ההיא. ואז נקהלו כל אנשי העיר על פי הגזרו ומכתב הבשורה
ההוא נקרא בקול רם אשר נשמע לאזן הקהל; ובשמעם את דברי המכתב
שמחו איש ואשה זקן ונער והכהנים שרו את שירת משה עבד ה' לאמר:
נשבח לה' המהלל בתשבחות. והנשים שרו שירי נצחון כי מנהגם לשיר שירי
תהלה לנוצח ושירי שנאה לנצוח. ותהי שמחה גדולה בעיר ויאמר המלך
אשרנו כי ראינו את מפלת אויב אדוננו ישוע המשיח; ראוי לנו להעלות
קרבן בגבעה הזאת אשר נתן לנו בה נצחון. ויקרא לנבארו ויאמר אליוז עם
הכהנים והמומרים העלה קרבן, ויעלו קרבן כאשר למרו אותנו אבותינו מורי
הבנסיה בעלי אמונה ישרה בנטיתם אהל המלך. ואחר שבו למקומם.

שלשת ימים אחרי מות גושן שמע המלך כי יש (עוד) גבעה קמנה מורק-
אמבא והיא קרובה וכי פלשים רבים בפתך ובתררה, ויצו את יונאל להורידם
ברצון ואם לא בחרפה; וילך ויחן ברגלי הגבעה; והפלשים חרדו וחלו כיולרה
וישלחו מכתב אל יונאל לאמרו הן לנו דָבר בשבועה (עמ' II) כי לא תעשה
עמנו רעה, וכאשר לקחו הבטחה באו עם אנשיהם ורכושם, ויאמר להם אל
תיראו ואצל המלך אשאל רחמים בעבוריכם, ויעמידם לפני המלך.

ויקם המלך למחרתו ויבא עד שוארא וּבֶשמון בא אל מושב המלכה אל
המקום אשר חנתה בו כאשר הלך למלחמה, וישב ממלחמות סטן. ואז נשמע
קול שירות הכהנים ורקוּדָי אנרוד המלכה ותהי שמחה גדולה כי היתה פגיעת

הנוצחים. למחר קם ויבא בשמן אל נובאי בעוד שבתות לקבל הצום. ותהי
שמחה ויורו לה׳ בלי גאוה בנצחון אשר כתבנו, לא כנויים בנצחם אשר יחשבו
כי הוא בכחם, ולא ידעו כי הגצחון והמפלה בכח ה׳ המה. וביום בוא הצום
שלח אותם איש איש לארצו ויאמר אליהם זה יא למען תנוחו כי אם למען תקחו
צידה ותבואו ביום אשר אקראכם. ועוד אמר להם אנכי אביאכם אל מקום אשר
תמצאו בצע כי לא מצאתם (היום) הון כי אם נצחון באויבי ארוננו במלחמת
סטן. ובתקוה הזאת הלכו בשמחה. הו, מה החכמה (כדבר המלך)! היא נמשלה
לחכמת שלטה, כאשר הבין כי ילחמו מלחמה שנית הבטיח אותם כי ימצאו
במלחמתם שורים ועבדים ורכוש רב. אולם הבטחתו לא נכזבה כהבטחת
הכוזבים, כי מצאו (דף 171 עט׳ I) בקר וצאן עבדים ושפחות כאשר נוריע.
ובשבוע השני לצום שלח המלך דבר אל כל הצבא ואל כל הקרובים למען
יבואו אל המקום אשר הוא שם בְּשְׁמון הבא.

ה ע ר ו ה

נוף סֶטֶן אשר התגולל בו התפעיל הנעצב האמור למעלה, מקומו
בצפון מדינת אמהרא בארץ כוש או חבש מעבר לנהר הכאזי המבדיל בינו ובין
תגרי. הוא חבל רם מלא הרים גבויינים משתרע לערך שמונים מיל ברחב
באיזה מקומות ומעט מזה במקומות אחרים רבים. מזגו קר מאד, השלג יורד
כמעט כל השנה והאדמה ארמת סלע נראה כנעוזבה לשממות מעצֶנה. כל
מושבות הארץ ההיא, והם קלי המספר, בנויים על ראשי גבעות רמות מסבות
לפעטים נגויות עמקות אשר תשרתנה לתן כחפי רות מבצרים. רב הראשים
עולים בנגה וירכתיהם בשפוע עד אשר כמעט לא יתכן לעלות עליהם אם
התושבים לא יבואו לעזרה. כל הצורים האלה אשר חרק הטבע להיות מעורות
לחתו טרף, היו מאז מקום מפרט ליהודים נקראים בארץ בשם פלטים, ומספרם
היה די לכונן מין שרות נשטעת להמטשלה המרכזית לארץ כוש, אך נפררת
בחקיה לעצמה, שָרות אשר הריסותה במאה השש עשרה הוא ענין הספור
המובא למעלה.

מעשה הרכו קבוצת יהודים בנוף שמֶט ונגור טיתר המדינה כמו זה, ריו
להעלות על כב טור ארוך מהלאות מעציבות אשר הלכו הלוך וקצר את חוג
השתרעם עד ללחץ אותם לבקש להם מקלט בטדבר סלעים וקרח כטוהו.

והפסלם העצוב חוה כבר התעשקו עמם עליו במאה החמש עשרה בימי מלוכת
בְּאֶרְ־מַרְיָם (1468–1478). צבא חטלך חוה המָפקד ביד השר הנקרא מרקוס
לא יכל נרכד אהת מנבעותם כי אם אחרי טצור שלש שנים, עד אשר נמר
לנקם מהם על ארך התנגדותם באמצעות בגידה נוראה המבישת את המין
האנושי. בהאמינם לדבריו אשר נתן להם כאשר המגירו את נפשם בידו
אחרי כלות המלחמת, באו הפלשים במספר רב אל האספה אשר יער להם
כורו השר ההוא לקבל את פקודותיו, אולם תחת פקודות מצאו מרצחים
אכזרים. ההשקם אשר יספר בו בעל ספרנו את המאורע חזה טרגיו נפש.

« מרקום היה פקיד בניטרר וער המאורע ואדיר במלכות בימי המלך באר־
מרים ואז היו הפלשים האלה אשר נכתב זכרונם. וילהם מרקום עמם ויחן
שלש שנים לרגלי גבעתם ואחר נצח אותם בעטל רב וערמה ויסגירם בידו
וילכד את עריהם. ואחרי כן באה לו מחשבה לאמרו איך אסלח לארורים האלח
אשר יקציפו תמיר את רוח הקרש ברע מעשיהם. טוב להשטיד אותם
מלהניחם בחיים. בדברו כן צוח את הַבָּרוו להבריו ולקרא לאמרו כל פרשי
יבוא אל אשר צויתי ואשר לא יבוא יהרם ביתו וישלל רכושו. ואחר נאספו
כל הפלשים אל השופט מרקום ותהי אספה נרולה, ואז צוה את אנשיו לכרת את
צוארם בחרב עד אשר נזל דמם (כמים) ופגריהם מלאו את השדות. או נמרא
דבר הלעג אשר דכרו אבותם ביום צליבת אדוננו לאמרו יהי דמו עלינו
ועל בנינו » .

הנה נורע עתה את גדלת בקעות שנאת הרת, שנאה לא תכבה ומחרשת
מרור אל דור אשר היתה צפונה לפלשים בלי חשך בארץ כוש מיום אשר
נכנסה הארץ הזאת לאמונה המשיחית, כי רק אנרח נואלת מדברת בביאת
יהודים במספר רב עם מלכת שבא בשובה מירושלים אחרי היותה לשלמה
לאשה. האנרה הזאת המניחה מקור יהודי לנגידי הארץ, חושבת את הפלשים
כצאצאי היהודים הקרמונים אשר מאנו לעוב את רת הברית הישנה ולכן
כמו יהודים נמורים. מעולם לא בא כל ספק בלב אנשי הארץ על ענין זה.
והפלשים מצרם חושבים את נפשם כיוצאי חלצי אבות ישראל וכלוקחי חלק
תמים בשארית ישראל היושבים בשאר הארצות, אולם לא ידעו מאומה
מביאתם לארץ הזאת לפני חרבן ירושלים. אם לפי המשקף ההלוכי האנרה
הנוכרת אשר תתן גם מוצא שלמוני למשפחת הממשלה המחקקת, לא תוכל
לעלות בישנח למעלה מן המאח השלש עשרה, רב חשפעת היהדרות על מעשי
העבורה של הכנסיה החבשית הוא כמעיד על מציאות היהודים בראשית
התרחבות המשיחיות. להלאה מן הזמן ההוא אמונת האליים שרתה לנרה

באָרץ והכתבות המעטות אשר נגלו ביטים הקרובים נתנו לנו איזה שמות
פרטים מן האלילים ההם. וה ימים רבים הודעתי את מחשבתי כי הפלשים
יוצאים מן היהודים התימנים אשר הובאו כשבויים ארצה כוש אחרי המלחמת
עם החמירים, אולי מעת מלך המלך עון קרוב לקץ המאה התמישית. מבלתי
יכלת לקתת נשים מעמם נשאו השבויים מבנות הנולדים בארץ מגוע האגוים
והפכו אותן לאמונתם. וזאת היתה סבה לשחרות עורם של הפלשים ולדברם
בשפה אגוית ביניהם. יהודי תיטן ישבו ברכם בתופי הים ובאו מקרם ממצרים
בתור יֶנָנים נטרים ועוסקים בסחורה, שפת עבר לא ידעו וגם לא את תורות
הפרושים המושלות בארץ ישראל, והשתמשו בתרגום היוני המיוחם לשבעים
זקנים. התואנות האלה מצינות את הפלשים עד היום הות, רק הנסח היוני
הקדום עוב מקומו לתרגום הכושי. המהלך התהלוכי הזה נרמה לי ביותר קרוב
לאמת כי הוא מטיב יותר לבאר מכל אחר את מציאות היהדות בארץ חבש.
להפך ירידת היהודים ממצרים לכוש בדרך חנילום רא תקבל בלא מופת חזק.

לכן נוכל לעשות לנו רטיון ממחזות הרריפות והרצח אשר על ידיהן לחצה
קגאות המשיחית את היהורים בחבש לבקש להם מפלט באָרץ הרים נבנונים
אשר לא תושב. עד המאה החמש עשרה אֵלֶם וַתֵתַהֲלֹוך; בומן ההוא הפלשים
המוצלים מן הרצח אשר הכינו להם בערמה באר-בָרים ומרקוס חיו חיי צער
נורא מאר בהוחילם מיום אל יום להיות מעָנים מאת שכניהם ולהֻשָׁמֵר בסוף
אם רק המלך או אחד מפחותם הקגאים יריכ אצבע להרע כהם. בכל זאת
בימי המלכים הבאים אחריו אשר בם התרוצצה ארץ חבש נגד שׁאֵף הנלאים
או המשלימים, יכלו לשאף רוח ולחדש מעט את כחם. עסקיהם הפרטים היו
גְדול הבהמות ועבודת הארדמת ועליהם גלוו איזה מחרשות בנות הצרכים
הראשיים כמעשי החרבות המגנים והרמחים. ועם זאת חיו להם אנשים
מלמדים וסופרים. בתחלת מלכות שרץ-רגנל הגיעו הפלשים לכונן דמות
מרינה חפשית תחת הדרכת ארבעה קצינים אנשי חיל ושמותם כָּלֶף (כֵלֵב)
ודאי נושן וַנָדין (גְדעון), וכל אחד מהם שגנו על גבעה מיוחדת אשר הוכנו
להיות ארבע ערי פלך למרינה החפשית הקטנה הואת. הפלשים ירדו גם
ירך אל המישור הנגבל בנהר מַשַׁחָא שמו, ויעבדו את אדמתו בתבונת כפים
ויֶמצאו קציר נאה. המון יושבי הארץ כמשיחים כמשלימים חיו באהבה
וברעות עם הפלשים וגם איזה משיחים נספחו לרת ישראל. המצב הוה בעל
הֶרוָחה צנועה, בא פתאום עד קצו אחרי אשר המלך שרץ דנגל נפנה מכל
אויביו ועצר עטרה באנסום בירת המלכות. למרות טוב טבעו לא יכל לשכח
את השנאה ליהודי אשר ירש מן ההולכים לפניו ואשר נטעו בו יום יום

הכהנים הסובבים אותו. לפני ההעסק במשלח גדורים אל רהוק נגד נלאי הגנב
גמר לשום קץ ליהורים בפעם אחת. „טוב, אמר, להלחם באנשים האשמים בדם
אדוננו ישוע המשיח מלֶכֶת להלחם בנלאים". זאת היתה מלחמת צלב
אמתית בלי שום לנגד עיניו תקות מצא בצע חמרי מה שיהיה. האין דם יהורי
נסך טעום מכל אשר יוכל נוצרי להביא למשיח ? הנה! היה יהיה לו הנסך הזה
והוא יול כנחל.

עלילה נמצאה בנקל . רדאי ראש חטָרות הקטנה ההיא שלם למלך
מדי שנה בשנת מס מַחבר ממספר ידוע מתבואות ונהמורת . בפעם
הזאת עוד לא נשלם הקציר ועל כן המשלח לא יכל להֵעשות . אויבי
היהורים לא התלבטו בעבור דבר קט כמהו , וישלחו אל המלך להגיד
לו כי רדאי ממאן לשלם מעתה את המס הנהוג ; והמלך הזעיק בחמתו
את צבאות ארץ חכש הקבועות והמשלימורת , למען התגרורת מלחמה
באיזה אלפים פלשים בהררי סֶמֶן המעציבים . העלילה היתה נחוצה
לרואי המחזה מרחוק : לפי הזאבים הטורפים את הכבשים , תמיד הכבשים
מתחילים באיבה . סופר הזכרונורת האלה המלא כלו משפטים קדמים
מדור ודור , מחאר ארץ ראשי הפלשים כבעלי גאוה וכחצופים סכלים ,
אולם יודע הַהָלוך לא יתן את נפשו לתָעות . האמת היא כי הראו רוח
גבורה נפלאה אך כי לרגל מעט מספרם ומצב נשקיהם העתיקים מאד
לעֻמת צבא רב מזוין בקלעים ובתותחים , מפלתם היתה בטוחה מאז .
אולם הנצחון הזה אשר מראשיתו לקח לו תאר השמדה פראירת , הוא
אחד מן השרטים הממאירים אשר השקיעה קנאִת הדת במצח חכתות
המנוּעות באי־סבלנות ובאהבת הרדיפות .

אם נסיר את האשמות המצווֹרת בנוגע למצב הנפשי של הפלשים
ואת החניפות הבורצורת בנוגע לתכונרת המלך , ספור המוכיר טבוע
בחותם אמֶן צח מאד כי דבר ידבר כעֵד רואה בעיניו את הנעשה . אנשי
כֶלֶב נלחמו כנבורים וגם נצחו לפעמים . לקץ , הקלעים והתותחים
פרצו טור מערכתם ; הנשארים נטו והגבעה נלֹכֵדה . כל היושבים
אנשים ונשים וטף וגם בהמה נהרגו על פי מצות איש חדמים הנזיר
אבא נואי . מספר רב מן הנשים אשר יפין עורר תאות המרצחים נהגו
נקשרות אל ידי שוביהן למנע אותן לנוס , אולם כבנות ישראל יקרות
הנשים הצעירות האלח , בלי התיעץ אשה עם רעותה , באו לעצה אחת
כגבורת לבן : רֹן חשליכו את נפשן אל הפחת בלכתן על שפתו
ותמשכנה עמן את שוביהן . המוכיר לא יכל להתאפק מהתפלא עַל

גבורת נשי הפלשים, אך אין בפיו גם מלה אחת של חמלה על הסובלות הנדיבות האלה.

שר הפלשים רדאי נשא ראש בעז רב על חיל חבש ונצח פעמים רבות. החבשים כבר נואשו מיכלתם ללכד ארץ גברה הטור הזה הנקראה ורק־אמבא או גברה הזהב. לפנות ערב, נדכא על ידי רב מספר האויבים, פטר רדאי את לחמיו ויסגר ארץ נפשו ביד אבא נואי אשר העמידו לפני המלך. המלך דבר אתו רכות יותר מן המקוה אך ימים אחדים אחרי כן מצא לנכון לאסר אותו בכבלי ברזל. הנכערה אשר יושביה מצאו עת לחמלט במנוסה, היתה למקום עבודה דתירת של קָדוֹש « למען טהר, זה לשון הַמְסַפֵּר, את המקום הנטמא מאת חזירי היער וחית השדה » הם היהודים. יהודי מלך ומנפש, נתן רדאי להרי נחלתו הדלה שמות לקוחים מכתבי הקדש; היש עזות וגאות גדולה מהתעגג בזכרונות ישראל? הן באמת הישראלים האמתים הם הנוצרים וביחוד החבשים בסכת מקור מוצאם מירושלים!

הנצחון חזה בא לחבש בֹּקֶר, ובכל זאת המצחק המעציב עוד לא כלה, כי שני הראשים האחרים גושן וגדעון נשאר תמימים עד הֵנָה ולגרש אותם מגבעתם היה נחוץ לערך מלחמה חדשה עם צבא מסדר מחדש וזה דרש עת לא מעט. רק אחרי אשר היה הצבא במלאו וגם שרי המשלימים הנכנעים תמו לשלח ארץ חילי עזרתם, היה לאל ידו להחל את מסע צבא השטף. לחניפות הקנאה כל עלילה טובה היא. על כן השמיעו הרנה כי הפלשים יצאו נדודים למדינת וגרא אשר על הגבול ויציתו כפר נוצרי אחד באש ויוליכו את יושביו בשבי. למרות סכלות מעשה כזה מאת הפלשים במעמד אשר חיו בו, סופר הזכרונות מאמין באמתתו, אך יעיר על זה כי שלח ח' רוח עועים בלב היהודי (גושן) לשכח את השמדת בני עמו עד לעשות גדוד נגד הנוצרים ולשאת אנשים ובהמות למען תהיה זאת סבה לְאָבְדָנוֹ. בשפל רוח הֶנֶף לגדול, חגיד סופרנו למעלה כי « הנוצרים הנהרגים והנשביים היו מתי מספר יען אשר ירדו (הפלשים) כגנבים מיראת המלך ». מריבח מצערה בין נוצרים ופלשים במקום מה של וגרה. הֲגוּמָה כקרוב לאמת, בדבת פיהם של צוררי היהודים.

הפלשים, מָפקדים ביד גושן עוד הוסיפו לעמד נגדם ביותר חזק מבמלחמה הקודמת, ומחדש נרצה הנצחון לאדירים האלה אשר לרב לא היה בידם כי אם אבנים לעמד בפני צבא רב מזוין כלו בקלעים

ובתותחים . המלחמה היתה קשה משני הצדדים ; כאשר גרשו מגבעה
קטנה קרובה , עלו הפלשים אל הגבעה הרמה , אך מחסר המים לחץ
אותם להתרצות עם האויב . המלך קבל ברצון את שאלתם אשר
נסדרה באופן מֶרֶך לב מאד , ויצו את יונאל להטיב עמם כי הם ידדו
עם נשיהם וטפם ועם כל רכושם .

אך שר הצבא הקנאי הזה חרש אבדנם בסתר . הגבורים האלה באו
להביא לו מתנות לאות תודה וְהִכָּנַע , ויאמר להם ללכת אל חֲנִיָתָם
ולשוב אליו למחר , אולם לא היח זה כי אם ערמה נתעברה . תחת
העלילה כי חפצו לנוס , שלח אחריהם אנשים מחילו אשר הרגו לפי
חרב ארב רב הפלשים הבוטחים , אחרי אשר לקחו ארת נשקיהם
ואת מגניהם . חמשים איש אשר נשבו נאספו יחד ביום המחר ונהרגו
ברמחים ובחרבות .

אז הגיע תור רדאי . מָזֻהָר לבקש רחמים בשם הבתולה מרים , בחר
מות מהשתמד . לנסות ארת אמץ רוחו אמר לו יונאל להטורת ארת
צוארו ורדאי מהר לעשורת כן . « ויונאל , יספר המזכיר בלי חמלה ,
הכהו בחרב ובפעם אחת חתך אותו ויחתך גם ארת שתי ברכיו ובעברת
את כל זרה נכנס פי החרב כטפח בקרקע , ואשר ראו התפלאו על
חוקת החרב ועל גבורת לב היהודי עד מת ; « אולם יתנכל לתוסיף :
« המת הזה לריק הוא כי חשאל יבוא אחריו . »

גבעת גושן עמדה על נפשה עוד ימים רבים , והחבשים נואשו מחדש
מיכלתם לעלות סמה . אבל אז אחדים מעוזדיהם וצקרבם משלימים
ותרכים , נפתו על ידי חשכר הרב אשר הבטיחו להם , ויעלו אל הגבעה
בלילה ויציתו את העיר באש . ותראורת גושן וחבריו כי חכל אבד ,
תחת הסגר ביד איב , בחרו לחשליך את נפשם אל הפחת . מפגריהם
כרתו את ראשיהם וישלחום למלך . הנשים ואחות גדעון אפילו גם הן
את נפשן אל הפחת , בעוד אשר גדעון והטובים בלוחמיו הרגו איש את
רעהו « כי הראש ההוא אמר להם : שמעו , נהרגרה נא איש את אחיו
בחרבות וברמחים ; עתה סוב לנו למות מלכת בשבי ; הלא שמעתם
את אשר אמרו אבותינו כאשר טיטוס בן אספסינוס חפץ לתפסם : טוב
למות בכבוד מלחיות בבזיון , ויחַזקם לעשות כן . »

במלים הנשאות והנדיבות האלה נשלמה מלחמת סַמֶן .

נוחי בְּשַׁלְוָה עֲדִים גְּדוֹלֵי כֹּחַ לָאֱמוּנַת אֵל אֵמַר ! וְאַתְּ סַמֶן , קְבוּרַת לֶחָמִים

בְּלִי פַחַד בְּעֵד מָסֹרֶת הָאָבוֹת . עִם בְּעוֹתֵי פְּחָתֶיךָ אֲשֶׁר אָדְמוּ מִדָּם נָשִׁים נֶאֱמָנִית וְנָבוֹת חֵן , נִשְׁאָרוֹת בְּטֹהַר עַד סָוֶרֶת , אֶת־שָׁלוֹסֵךְ אֲנִי דוֹרֵשׁ בְּחוּגָה אֶל־מֵץ ! כֶּתֶר הַזֹּהַר הִדָּרַחֵף עַל גִּבְעוֹתַיִךְ הַנִּסְפָּאוֹת , בְּשָׁלַיִם מָרְבָּע נוֹצֵץ לְהִפְאָרֶת יִשְׂרָאֵל . אֶת עֲמוּדָיה עֲמוּדֵי אוֹר לֹא יִדְעַךְ לְעוֹלָם . יִשָׂרְאוּ וְהַזְכִּירִים : יְרוּשָׁלַיִם , מְצָדָה , בֵּיתָר , סַמֵן .

ERRATA

P. 265, l. 21, ,בל. lire : בלו.

P. 267, l. 15, ווהנם, lire : יוחנם; — l. 20, כאשר, lire : כאשר; — l. 23, וַדלא, lire : וַדְלָא.

P. 268, l. 22, ואח, lire : ואת.

P. 269, l. 4, לגבועה, lire : לגבעה.

P. 270, l. 18, קדאו, lire : סראו.

P. 272, l. 11, רוח, lire : רוּח; — l. 14, מרקום, lire : מרקום.

P. 273, l. ?, הראג, lire : הַיָראג; — l. 3, הבהגה, lire : הבוזגה; — l. 10, — לתהנגד, lire : התנגד; — l. 11, העוד, lire : עוד; — בעלה, lire : נעלה; — l. 31, את הרוו, lire : את שמות הרוו.

P. 274, l. 32, הגבדאת, lire : הנסראת.

P. 275, l. 28, ויוחנן, lire : ויהונן.

P. 276, l. 5, עסב, lire : ועסב; — l. 27, מסאבים, lire : מסאבים.

P. 277, l. 7, מסאבים, lire : מסאבים; — l. 10, שכעה, lire : שבעה; — l. 32, וזה, — l. 23, המאוחים, lire : המאחרים; — l. 16, חבר, lire : חרב; lire : זה ,.

P. 278, l. 1, התלפאו, lire : התפלאו; — המואם, lire : המואם; — l. 15, ועשו, lire : עשו; — l. 25, רַגְלֵנו, lire : רַגְלֵנו.

P. 280, l. 13, ולופרסליםום, lire : ולפרסליםום.

P. 281, l. 10 d'en bas, כחפו רות, lire : כחפירות.

P. 282, l. 11, שלש, lire : שבע; — l. 23, נכנסה, lire : נכנסה.

P. 283, l. 1 d'en bas, ליהירד, lire : להודים.

P. 286, l. 10, שלח אחריהם אנשים, lire : רוח אחריהם עם אנשים.